Clauß Peter Sajak

Trialogisches Lernen konkret

;ajak

s Lernen

:et

nwettbewerb

:tung – eine Bilanz

JRG · BASEL · WIEN

Diese Publikation wurde abschließend von der Herbert Quandt-Stiftung gefördert. Die Stiftung führt nach einer strategischen Neuausrichtung 2017 keine operativen Projekte mehr durch.

FSC www.fsc.org
MIX
Papier aus verantwortungsvollen Quellen
FSC® C083411

www.herder.de

Umschlaggestaltung: Gestaltungssaal, Rosenheim
Umschlagmotiv: © Zanskar / iStock / GettyImages

Satz: Daniel Förster, Belgern
Herstellung: CPI books GmbH, Leck

Printed in Germany

ISBN 978-3-451-38619-0

\utor

ıbil., geb. 1967, ist Deutsch- und
Professor für Religionspädagogik
ırrichts an der Katholisch-Theolo-
en Wilhelms-Universität Münster.
l Khorchide und Rainer Möller der
amischen Forums für Religionspä-
ıie Franz-Hitze-Haus Münster und
Beiträge zum interreligiösen und
pa, Kelch, Koran (München 2010)
nstadt 2018). Weitere Forschungs-
ie Religionspädagogik der Elemen-
ıkeitsforschung.

Inhalt

Der Trialog der Kulturen als bleibende Aufgabe

Geleitwort von Roland Löffler

Es war irgendwann im Jahr des leichtfüßigen fußballweltmeisterschaftlichen Sommermärchens 2006, als ich das erste Mal mit der mir bis dato unbekannten Herbert Quandt-Stiftung und ihrem Themenfeld *Trialog der Kulturen* in Berührung kam. Als freier Journalist war ich immer auf der Suche nach neuen Geschichten zu innovativen Bildungs- und Gesellschaftsthemen.

Der Ansatz der Stiftung, den interkulturellen Dialog in Schulen und damals auch in Kindertagesstätten miteinander zu verbinden, beeindruckte mich trotz aller journalistischer Unabhängigkeit, vor allem das Engagement einzelner Schulen, Kitas und Lehrer. Der Zufall wollte es, dass die Stiftung wenige Monate später einen neuen Leiter des Themenfeldes *Trialog der Kulturen* suchte. Ich bin dem damaligen Vorstand Dr. Albrecht von Kalnein bis heute dankbar, dass er mir diese Aufgabe anvertraute. Sie wurde mir ein Herzensanliegen – und hat mich bis heute nicht mehr losgelassen. Dass alle Trialog-Projekte sowie die gesamte operative Arbeit der Herbert Quandt-Stiftung mittlerweile Geschichte sind, ist sehr bedauerlich.[1] Und dies in Zeiten einer großen Fluchtlingsaufnahme in Deutschland und Europa, durch die

1 Vgl. z.B. *C. P. Sajak*, Paradoxes Ende! Herbert Quandt-Stiftung führt interreligiöses Projekt nicht fort, in: Herder Korrespondenz 69 (2015), 655–656. Siehe auch https://www.die-stiftung.de/nachrichten-service/kurzmeldungen/quandt-stiftung-streicht-operatives-geschaeft-44152/ oder https://www.spiegel.de/spiegel/vorab/quandt-stiftung-soll-gesellschaftspolitische-arbeit-beenden-a-1030433.html oder https://www.fnp.de/lokales/hochtaunus/bad-homburg-ort47554/trialog-kulturen-steht-10884087.html [abgerufen am 27.05.2019].

die Integration von Zuwanderern eine große Herausforderung bleibt, in der der migrations- und integrationsfeindliche Populismus europaweit wächst – und in der interkulturelle Kompetenzen mehr denn je benötigt werden. Im Grunde wäre es jetzt an der Zeit, den *Trialog der Kulturen* neu zu erfinden, denn er bleibt in den Einwanderungsgesellschaften Europas eine unerledigte Aufgabe.

Als ich 2007 in die Herbert Quandt-Stiftung eintrat, war das gesellschaftliche Klima für das Anliegen des *Trialogs der Kulturen* günstig. Allerorts wurde über die bessere Integration gerade muslimischer Mitbürger diskutiert. Seit dem Fußball-Sommermärchen schien Deutschland auf dem Weg eines unverkrampfteren Patriotismus zu sein, der auch Raum für unideologische Debatten bot. Mit der Reform des Staatsangehörigkeitsrechts durch die rot-grüne Regierung Gerhard Schröders hatte es beachtliche Veränderungen in Deutschland gegeben. Eine weitere Wegmarke setzte 2006 ausgerechnet der konservative Bundesinnenminister Wolfgang Schäuble (CDU), als er den bis heute wirkmächtigen und zugleich oft kritisierten Satz sagte: »Der Islam ist Teil Deutschlands und Europas. Der Islam ist Teil unserer Gegenwart und unserer Zukunft.« Die Bundesregierung etablierte mit der ›Deutschen Islamkonferenz‹ und den nationalen Integrationsgipfeln zwei Instrumente des Austauschs und des Ideensammelns, die allerdings schnell an ihre Grenzen gerieten. Darüber hinaus richteten die Landesregierungen von Nordrhein-Westfalen und Hessen Ressorts mit Integrationsbezug ein. Stiftungen wurden in diesem Kontext zu gefragten Gesprächs- und Kooperationspartnern. Das hatte unterschiedliche Gründe: Die öffentlichen Haushalte waren damals noch nicht so üppig ausgestattet wie heute – dafür war die Zinssituation für die Stiftungen günstiger als in diesen Tagen. Stiftungen waren flexibler und innovativer als die Verwaltung, um Modellprojekte aufzusetzen – und sie hatten zum Teil bereits seit mehr als einem Jahrzehnt Erfahrungen mit dem Thema. Genau darin besteht auch die Aufgabe von Stiftungen, wenn sie sich gesellschaftspolitisch betätigen wollen: Sie sollten einen Spürsinn für Zukunftsthemen der Gesellschaft entwickeln, diese strategisch angehen, modellhaft an Lösungen arbeiten, sich mit relevanten zivilgesellschaftlichen Akteuren vernetzen, internationale ›best practice‹-Beispiele nach Deutschland transferieren, das Gespräch mit der Wissenschaft suchen und ihre Ergebnisse mit Medien, Politik und Verwaltung reflektieren, um so neue Konzepte in den öffentlichen Diskurs zu bringen.

Dies geschah in den letzten dreißig Jahren auch intensiv: Seit der bis heute umstrittenen Verschärfung des Asylrechts 1992/1993 bzw. spätestens seit dem 11. September 2001 (und der damit aufkommenden Angst vor ›dem‹ Islam) wurden integrationspolitische und interreligiöse Fragen in einem dichten Netzwerk aus Kirchen, Gewerkschaften, Menschenrechtsorganisationen, Bürgerinitiativen, Stiftungen und einer langsam aufblühenden Migrationsforschung intensiv diskutiert. Alle diese Einrichtungen leisteten einen substanziellen Beitrag zu einer interkulturellen Öffnung der Gesellschaft, ohne die die breite Willkommenskultur in Zeiten der Flüchtlingskrise 2015 nicht denkbar gewesen wäre. Doch wo es Aufbruch gibt, entsteht auch Gegenwind, der nach den wenigen integrationsfreundlichen Jahren ab 2006 bereits 2010 einsetzte. Damals veröffentlichte der sozialdemokratische Politiker und Bundesbankvorstand Thilo Sarrazin sein Buch *Deutschland schafft sich ab*, das zu heftigen Debatten führte und den integrationskritischen Stimmen wieder Vorschub leistete. Diese finden bis heute, speziell auch in den neuen Bundesländern, breites Gehör. Kritik an Migration und Integration ist ein zentrales Anliegen populistischer Parteien und Bewegungen geworden.

Seien wir also nüchtern in der Analyse: Die intensive Bearbeitung des Themenkomplexes Integration hat nur in Teilen der Gesellschaft zu einem Mehr an Verständigung, Interesse, Wissen und Empathiefähigkeit geführt. Für den Integrationsforscher Aladin El-Mafaalani ist diese Polarität keineswegs schädlich. In seinem 2018 erschienenen Buch *Das Integrationsparadox*[2] stellt er die These auf, dass gelungene Integration geradezu zwangsläufig zu Konflikten führen müsse, weil sich Mehrheit und Minderheit nun besser kennenlernen würden. Und wer sich besser kennenlernt, neigt (zumindest partiell) auch dazu, sich wieder abzugrenzen.

Interkulturelle Bildung bleibt deshalb eine niemals abgeschlossene Aufgabe. Sie wurde in der Herbert Quandt-Stiftung, die 1980 von der ALTANA AG gegründet worden war, erst nach einigen Jahren zu einem wichtigen Fokuspunkt ihrer Arbeit. Dank der Initiative des Londoner Verlegers und Stiftungsratsmitglieds George Lord Weidenfeld gründete die Stiftung 1996 den *Trialog der Kulturen*. Weidenfeld, international einer der Motoren des christlich-jüdischen Gesprächs, hatte früh erkannt, dass dieser Dialog zwischen zwei religiös-kulturellen Traditionen durch den Einbezug des Islam erweitert werden müsste. Zudem wollte die Stiftung ein Signal gegen den von Samuel Huntington und anderen beschworenen ›Kampf der Kulturen‹ setzen. Dies geschah in enger Zusammenarbeit mit anderen Akteuren aus dem Feld, die sich, wie der Tübinger Religionshistoriker Stefan Schreiner, international oder auch lokal dem abrahamischen Dialog bzw. Trialog widmeten.[3]

---

2 Vgl. *A. El-Mafaalani*, Das Integrationsparadox. Warum gelingende Integration zu mehr Konflikten führt, Köln 2018.

3 Vgl. exemplarisch für die Arbeit des von Schreiner maßgeblich geleiteten Europäischen Abrahamischen Forums *Europäisches Abrahamisches Forum/Konrad-Adenauer-Stiftung/Regional Human Security Centre Amman* (Hg.), »We All Are Minorities – a Plea for Pluralism«. Challenges and Changes of Religious, Ethnic-Cultural, and Political Diversification in Contemporary Societies, Zürich/Amman 2010. Vgl. zur Diskussion um die genaue Definition der Begriffe ›abrahamisch‹, ›abrahamitisch‹, ›abrahamistisch‹ z.B. *M. Bauschke*, Trialog und Zivilgesellschaft. Bd. 1: Internationale Recherche von Institutionen zum trilateralen Dialog von Juden, Christen und Muslimen, Berlin 2001; *ders./P. Stegmann*, Trialog und Zivilgesellschaft Bd.2 : Berichte und Texte, Berlin 2001; *ders.*, Der jüdisch-christlich-islamische Trialog, München/Ravensburg 2006; *ders.*, Der Spiegel des Propheten. Abraham im Koran und Islam, Frankfurt 2008 sowie die Veröffentlichungen von *H. Küng*, Projekt Weltethos, München 1990, *ders.*, Abraham – der Stammvater dreier Religionen. Zur Notwendigkeit des Trialogs zwischen Juden, Christen und Muslimen, in: Neuner, P./Wagner, H. (Hg.), In Verantwortung für den Glauben. Beiträge zur Fundamentaltheologie und Ökumenik, Freiburg i. Br./Basel/Wien 1992, 329–343; *K.-J. Kuschel*, Streit um Abraham. Was Juden, Christen und Muslime trennt – und was sie eint, Düsseldorf 2001; *ders.*, Juden – Christen – Muslime. Herkunft und Zukunft, Düsseldorf 2007.

Seit 1999 verfolgte die Stiftung nun einen pädagogischen bzw. bildungspolitischen Ansatz, besonders mit dem in diesem Buch analysierten *Trialog der Kulturen*-Schulenwettbewerb, der von 2005–2015 in mehreren Bundesländern lief und Zehntausende an Schülerinnen und Schülern erreichte. Langen Atem für ein Thema zu bewahren, war uns ein Anliegen – gerade in Zeiten, in denen Stiftungen oft der Vorwurf gemacht wird, von einem kurzatmigen Modellprojekt zum nächsten zu eilen.[4] Dass es gelang, den Wettbewerb auszuweiten, ist der langjährigen, unermüdlichen Referatsleiterin im Bundesministerium für Bildung und Forschung, Gisela Steffens, zu verdanken, die nicht unerhebliche Bundesmittel zur Verfügung stellte.

Interkulturalität und Interreligiosität sind keine abschließend fixierten Begriffe. Das Gleiche gilt für den *Trialog der Kulturen*. Die Herbert Quandt-Stiftung hat dieses Themenfeld nie genauer definiert, sondern sich lediglich selbst dazu verpflichtet, zu einer tieferen Verständigung zwischen Juden, Christen und Muslimen beizutragen. Das hat der Stiftung in größeren Abständen kritische Zuschriften von Altphilologen oder entsprechende Kommentare in Zeitungen eingebracht[5] – dem Gesamtkonzept aber niemals geschadet.

Die unabgeschlossene Definition besaß einen ungemeinen Vorteil: Sie schaffte einen metaphorischen Mehrwert, sodass sich verschiedene Menschen unterschiedliche Dinge vorstellen konnten, ohne am grundsätzlichen Ausgangspunkt vorbeigehen zu können. Dieser Nukleus war nämlich selbsterklärend: Dialog, Verständi-

4 Vgl. *R. Löffler*, Trialog in der Schule?! Der Weg von einer Studie zum kulturellen Pluralismus in europäischen Lehrplänen zum Wettbewerb »Schulen im Trialog« der Herbert Quandt-Stiftung und sein Beitrag zur aktuellen Bildungsstandard-Diskussion, in: Gall, L./Willoweit, D. (Hg.), Judaism, Christianity, and Islam in the Course of History: Exchange and Conflicts (Schriften des Historischen Kollegs 82), München 2011, 215–233 sowie *ders.*, Kultureller Pluralismus in europäischen Curricula? Die Studie der Universität Birmingham und der Wettbewerb »Schulen im Trialog«, in: Sajak, C. P. (Hg.), Trialogisch lernen. Bausteine für interkulturelle und interreligiöse Projektarbeit, Seelze 2010, 74–83.

5 Vgl. z. B. https://www.sueddeutsche.de/service/sprachlabor-56-trialog-und-triagnose-1.974328 [abgerufen am 27.05.2019].

gung, Empathieaufbau, Kompetenzaufbau, um Menschen und Gruppen im komplexen gesellschaftlichen und individuellen Integrationsprozess zu stärken. Mehr jedoch nicht. Die Herbert Quandt-Stiftung hatte nie das Ziel, auf die Verschmelzung von Religionen oder Kulturen hinzuwirken – oder eine komplett inklusive, Unterschiede gleichmachende Dialogkultur als eine Art Religionsersatz oder ›all inclusive‹-Ethik zu etablieren.[6]

In Zeiten, in denen sich neue Ansätze Bahn brechen wie die ›post-migrantische Gesellschaft‹[7] oder ›Transkulturalität‹[8], wirkt der Ansatz des *Trialogs der Kulturen* fast etwas altmodisch. Transkulturelle Konzepte wollen über kulturelle Differenzen hinausdenken, behaupten, dass sich Gesellschaften in einem fluiden Zustand befinden, die auf eine Verschmelzung kultureller Traditionsbestände zu neuen Identitätsformen oder einem pluralistischen Nebeneinander kultureller bzw. religiöser Normen hinauslaufen.

Würde ich den *Trialog der Kulturen* heute nochmals neu entwerfen, hielte ich dennoch am interkulturellen Ansatz fest. Die deutsche Gesellschaft ist nur in Teilen für eine transkulturelle Öffnung bereit. Unterschiedliche religiöse (oder auch nichtreligiöse) Prägungen bleiben weiterhin für ein Europa der Vielfalt bedeutsam, auch wenn damit nicht bestritten werden soll, dass es partielle Verschmelzungen von Kulturtraditionen gab und gibt.

---

6 Gegen die Kritik von U. Beckmann im Deutschen Pfarrerblatt 5/2013 – siehe: http://www.pfarrerverband.de/pfarrerblatt/archiv.php?a=show&id=3379 [abgerufen am 27.05.2019].

7 Vgl. sehr kurz *N. Foroutan*, Die postmigrantische Gesellschaft, in: https://www.bpb.de/gesellschaft/migration/kurzdossiers/205190/die-postmigrantische-gesellschaft [abgerufen am 11.5.2019]; länger: *dies.*, Die postmigrantische Gesellschaft: Ein Versprechen der pluralen Demokratie, Bielefeld 2019 (im Erscheinen); *dies./J. Karakayali/R. Spielhaus*, Postmigrantische Perspektiven: Ordnungssysteme, Repräsentationen, Kritik, Frankfurt am Main 2018.

8 Vgl. dazu *W. Welsch*: Was ist eigentlich Transkulturalität? In: L. Darowska/C. Machold (Hg.): Hochschule als transkultureller Raum? Beiträge zu Kultur, Bildung und Differenz, Bielefeld 2009 sowie *ders.*, Transkulturalität. Realität – Geschichte – Aufgabe, Wien 2017.

Trotz des Säkularisierungsprozesses[9] gehören interreligiöse und interkulturelle Kompetenzen zu den ›Schlüsselqualifikationen‹[10] für die Entwicklungen der Gegenwart und der Zukunft Europas, können sie doch Vertrauen zwischen Mehrheits- und Minderheitsgesellschaften erzeugen, damit sozialintegrativ wirken, ja Sozialkapital bilden.[11] Davon war die Stiftung immer überzeugt. Integration ist als Prozess und als normativer Zielhorizont zu verstehen, in dem »zugewanderte Menschen und/oder ihre Nachkommen die volle gesellschaftliche Mitgliedschaft erworben haben und [...] ihre Herkunft für die Strukturierung sozialer Beziehungen und den Erwerb und die Zuweisung gesellschaftlicher Positionen irrelevant geworden ist«.[12] Umstritten ist, wie sehr Assimilation im Integrationsprozess eine Rolle spielt. Der Bamberger Soziologe Friedrich Heckmann sieht in der Assimilation weniger eine Unterdrückung kultureller Merkmale und Zugehörigkeiten als »die Verringerung sozial relevanter Merkmalsunterschiede zwischen Gruppen«.[13] Zweifelsfrei zielt Integration auf ein konfliktarmes Miteinander in der Gesellschaft, auf den Umgang mit und den Ausgleich von sozialen Ungleichheiten in der Gesellschaft und auf das Wachsen an Vertrauen in politische Institutionen und den Rechtsstaat.[14] Insofern bietet der interkulturelle Dialog bzw. Trialog – gerade auf lokaler Ebene, etwa in Schulen – ein integratives, Sozialkapital bildendes Potenzial.[15] Deren Teilnehmer bewegen sich vom Neben- oder gar Gegen-

9 Vgl. *C. Peters/R. Löffler* (Hg.), Der Westen und seine Religionen. Was kommt nach der Säkularisierung? Freiburg i. Br. 2010.

10 Vgl. https://www.berliner-missionswerk.de/interreligioeser-dialog.html.

11 Vgl. *N. Foroutan*, Kulturdialoge zwischen dem Westen und der islamischen Welt. Eine Strategie zur Regulierung von Zivilisationskonflikten, Wiesbaden 2004.

12 *F. Heckmann*, Integration von Migranten. Einwanderung und neue Nationenbildung, Wiesbaden 2015, 78.

13 Ebd., 77.

14 Vgl. *E.-M. Hinterhuber*, Abrahamischer Trialog und Zivilgesellschaft. Eine Untersuchung zum sozialintegrativen Potenzial des Dialogs zwischen Juden, Christen und Muslimen, Stuttgart 2009, 16f.

15 *Hinterhuber*, Abrahamischer Trialog und Zivilgesellschaft, 184–194.

einander auf ein Miteinander zu; sie suchen nach gemeinsamen Schnittstellen – ohne Konflikte auszuklammern; sie bewahren ihre kulturelle oder religiöse Identität, erklären diese aber und bringen ihre Erfahrungen und Überzeugungen in ein gemeinsames Gespräch ein.

Den *Trialog der Kulturen* gibt es nicht mehr. Doch die Ideen des *Trialogs* wirken weiter. Viele Schulen haben nach dem Wettbewerb die trialogische Ausrichtung in ihr Schulprofil aufgenommen. In Birmingham wird seit den Tagen der universitären Studie kommunal ein pluralistischer Religionsunterricht angeboten; die Deutschsprachige Gemeinschaft in Belgien hat nach der Beratung durch die Herbert Quandt-Stiftung ab 2016 den interreligiösen Dialog verbindlich in Schule und Gesellschaft verankert.[16] Um Clauß Peter Sajak und andere Wissenschaftler hat sich sogar eine ›trialogische Religionspädagogik‹ entwickelt.[17] Die Impulse der Stiftung haben also nachhaltige Wirkungen hervorgebracht.

Es gilt an dieser Stelle all jenen zu danken, die sich im Laufe von mehr als zwanzig Jahren um den *Trialog der Kulturen* in der Herbert Quandt-Stiftung verdient gemacht haben: Den Vorständen Wolfgang Assmann, Thomas Gauly, Albrecht Graf von Kalnein[18], Jörg Appelhans und Christof Eichert, Bernadette Schwarz-Boenneke[19] als langjähriger Themenfeldleiterin sowie den Kolleginnen und Kollegen Niels Warner, Martina Kaup, An-

---

16 Vgl. http://www.ostbelgienbildung.be/PortalData/21/Resources/downloads/home/schwerpunktthemen/EXVIII-20160414-OP-__ANLAGE_2_Expertise_der_HQS.PDF [abgerufen am 13.05.2019].

17 Vgl. *G. Langenhorst*, Trialogische Religionspädagogik. Interreligiöses Lernen zwischen Judentum, Christentum und Islam, Freiburg i. Br. 2016.

18 Vgl. *A. von Kalnein*, Editorial zu Herbert Quandt-Stiftung (Hg.), Religionen in der Schule. Bildung in Deutschland und Europa vor neuen Herausforderungen, Bad Homburg v. d. H. 2007, 9–11.

19 *B. Schwarz-Boenneke* (Hg.), Ankommen in einer Gesellschaft der Vielfalt. Eine Querschnittsaufgabe für Bildung, Kultur und Integration, Freiburg i. Br. 2014; und *dies.* (Hg.), Bildung für Vielfalt. Umgang mit Differenz lernen – Potenziale nutzen, Freiburg i. Br. 2015.

gelika Pantel, Niels-Holger Schneider[20], Angela Legrum, Monika Bremer, Cornelia Springer, Anke Rengers, Christine Schüssler, Stephanie Hohn und Roman Weigand. Aus der Jury der ersten Tage seien besonders erwähnt Wolfram Weiße, Stefan Schreiner, Barbara John, Jörn Dulige, Alexa Brum, Bärbel Beinhauer-Köhler. Überaus vertrauensvoll gestaltete sich die Zusammenarbeit mit dem Autor dieses Buches, Clauß Peter Sajak, dem ich dafür herzlich danken möchte. Ein Meilenstein unserer Zusammenarbeit war die kleine Handreichung zu Trialog und Bildungsstandards, die eine hohe Auflage erlebte und in Schulen und Kirchen intensiv rezipiert wurde.[21] Es ist deshalb mehr als sachgerecht, dass Clauß Peter Sajak mit dieser Analyse den Schlussstein zu zehn Jahren *Trialog der Kulturen*-Schulenwettbewerb setzt.

Dr. Roland Löffler ist Direktor der Sächsischen Landeszentrale für politische Bildung in Dresden und leitete von 2007–2011 das Themenfeld Trialog der Kulturen *der Herbert Quandt-Stiftung.*

20 Vgl. *N. H. Schneider/R. Löffler*, Mehr als nur ein buntes Klassenzimmer. »Trialog der Kulturen-Schulenwettbewerb setzte Maßstäbe für interkulturelles Lernen«, in: Zimmermann, O./ Geißler, T. (Hg.), Kulturelle Vielfalt leben. Chancen und Herausforderungen interkultureller Bildung (Aus Politik & Kultur 8), Berlin 2012, 216-218.

21 *C. P. Sajak/A. Muth*, Standards für das trialogische Lernen. Interkulturelle und interreligiöse Kompetenz in der Schule fördern, Bad Homburg v. d. Höhe 2011.

Zehn Jahre Schulenwettbewerb der Herbert Quandt-Stiftung

Ein Wort zur Einleitung

Am 8. Oktober 2015 wurden im Rahmen einer Feierstunde in der Schlosskirche zu Bad Homburg v. d. H. neun Schulen aus Bremen, Hamburg, Hessen, Rheinland-Pfalz und dem Saarland für ihre vorbildlichen interreligiösen Lernprojekte ausgezeichnet. Dabei belegten die ersten Plätze in den drei Ländergruppen Schulen mit ganz unterschiedlichen Beiträgen: So ging der erste Preis für die Schulen in Hessen an das Lessing-Gymnasium Lampertheim für das Projekt *Vereint in Verschiedenheit*, in dem durch viele unterschiedliche Initiativen die Schule wie auch die Stadt Lampertheim für einen engagierten Trialog von Juden, Christen und Muslimen inspiriert und begeistert worden waren. In der Ländergruppe Rheinland-Pfalz/Saarland dagegen konnte die Gesamtschule/Gemeinschaftsschule Nohfelden-Türkismühle die Jury mit ihrem Projekt *Spuren suchen – Spuren hinterlassen* überzeugen: In dreizehn Teilprojekten band die Schule alle 1050 Schülerinnen und Schüler in das Großprojekt ein, u.a. um die jüdische Geschichte ihrer Heimatgemeinde aufzuarbeiten, um Flüchtlingskinder aus den heutigen Krisenregionen dieser Welt in ihrer Schule zu integrieren oder um mit Vertretern der muslimischen Gemeinden vor Ort ins Gespräch zu kommen. In Bremen und Hamburg wurde schließlich der erste Preis an die Grundschule Borchshöhe aus Bremen verliehen, die ein Theaterstück mit dem Titel *Stadt der Schatten* entwickelt, aufgeführt und nachbearbeitet hatte. Lehrerinnen und Lehrer gestalteten hier mit ihren Schülerinnen und Schülern in eindrucksvoller und nachhaltiger Weise eine Geschichte über Flucht, Vertreibung und Suche nach neuer Heimat.

Diese bunte und lebendige Feier rund um die Preisverleihung bescherte dem Schulenwettbewerb *Schulen im Trialog* der Herbert Quandt-Stiftung nach zehn Jahren ein eindrucksvolles Finale. Seit dem Beginn des Schuljahrs 2005/2006 hatten sich in diesem Förderwettbewerb, der in den Bundesländern Baden-Württemberg, Berlin, Bremen, Hamburg, Hessen, Rheinland-Pfalz, Saarland und Thüringen ausgetragen worden war, insgesamt 206 Schulen mit knapp 200 Projekten und ca. 30.000 Schülerinnen und Schülern dem interreligiösen und interkulturellen Lernen von Juden, Christen, Muslimen und Konfessionsfreien gewidmet.[1] Die in diesem Zusammenhang entwickelte Idee des Trialogischen Lernens »zielt im Kontext dieses Konzeptes darauf ab, Menschen aus Judentum, Christentum und Islam an verschiedenen Lernorten in ein konstruktives Gespräch zu bringen, das zu Verstehen, Respekt und Wertschätzung führen kann.«[2] Dies ist nicht nur vor dem politischen Hintergrund der gesellschaftlichen Zivilisierung von Religion samt ihres Konflikt- und Gewaltpotenzials von immenser Bedeutung, sondern ergibt sich auch theologisch aus der religionsgeschichtlichen Verwandtschaft der drei Offenbarungsreligionen, die sich im monotheistischen Glauben an den einen Gott zeigt, der für Juden, Christen und Muslime bis zum Erzvater Abraham zurückführt.

Bereits Mitte der 1990er-Jahre hatte die Herbert Quandt-Stiftung auf Anregung von George Lord Weidenfeld ein ›Standing Committee‹ wichtiger Entscheidungsträger aus den drei Kulturkreisen Judentum, Christentum und Islam eingerichtet, das sich unter dem Eindruck der ethnisch wie religiös motivierten Exzesse auf dem Balkan regelmäßig traf, um übergreifende Aspekte kul-

---

1 Zum Finale und seinen Hintergründen vgl. *C. P. Sajak*, Paradoxes Ende. Herbert Quandt-Stiftung führt interreligiöses Projekt nicht fort, in: Herder Korrespondenz 69 (2015), 655–656.

2 *C. P. Sajak*, Trialogische Religionspädagogik, in: Herder Korrespondenz 65 (2011), 372–376, hier 373.

tureller wie religiöser Spannungen zu diskutieren und einzuordnen. Ein Ergebnis war das *Homburger Manifest*, das im Herbst 1998 zwei strategische Bereiche für gesellschaftliches Handeln in den Blick nahm, nämlich die Nachwuchsjournalisten als wichtige Gruppe innerhalb der Medienlandschaft und die Bildungsverwaltung als normative Größe im Schulwesen. In diesen beiden Bereichen entwickelte die Stiftung nun ihr Engagement: zum einen das Stipendienprogramm für junge Journalistinnen und Journalisten aus Deutschland, Israel und Palästina, zum anderen die sogenannte Birmingham-Studie, welche die Stiftung 1999 in Auftrag gab. Forscher der theologischen Fakultät der Universität Birmingham untersuchten in acht europäischen Ländern Schulcurricula für die Fächer Geschichte, Sprache, Literatur und Religion im Hinblick auf ihr Potenzial, Wissen über die drei abrahamischen Religionen zu vermitteln. Die Ergebnisse der Studie zeigten, dass die Thematisierung von Judentum und Islam recht spät erfolgt und dann auch häufig in Zusammenhang mit Konfliktsituationen oder im Rahmen von Immigrationsproblemen behandelt wird.[3] Die wohl wichtigste und wirkungsvollste Maßnahme, mit der die Herbert Quandt-Stiftung auf diese Ergebnisse reagierte, war die Entwicklung und Etablierung des Förderwettbewerbs *Schulen im Trialog – Europäische Identität und kultureller Pluralismus*, der in den Anfangsjahren in Baden-Württemberg, Hessen und Thüringen und später dann in Kooperation mit den Kultusregierungen in Berlin, Bremen, Hamburg, Rheinland-Pfalz und dem Saaraland durchgeführt werden konnte.

Die Beiträge der Schulen wurden kontinuierlich am Lehrstuhl für Religionspädagogik und Didaktik des Religionsunterrichts der Katholisch-Theologischen Fakultät an der Westfälischen Wilhelms-Universität Münster ausgewertet: So sind in den vergangenen Jahren ein Methodenhandbuch für das interreligiöse und

3 Vgl. *L. Kaul-Seidmann/J. S. Nielsen/M. Vinzent*, Europäische Identität und kultureller Pluralismus, Bad Homburg v. d. Höhe 2003.

interkulturelle Lernen, ein Qualitätsrahmen mit Standards für das Trialogische Lernen und eine Reihe mit Unterrichtsmaterialien zu den Themen Gotteshäuser, Feste und Feiern, Heilige Schriften und Schöpfung entstanden.[4] Auch nach der Beendigung des Wettbewerbs 2015 und Schließung des Themenfeldes *Trialog der Kulturen* zum Ende des Jahres 2016 hat sich die Herbert Quandt-Stiftung dazu entschlossen, das Archiv des Schulenwettbewerbs, die Bibliothek und sämtliche Materialien aus dem Kontext des Trialogischen Lernens der Westfälischen Wilhelms-Universität zur Auswertung zu überlassen. Nach zweijähriger Lektüre- und Analysearbeit an der Professur für Religionspädagogik und Didaktik des Religionsunterrichts sind in diesem Buch nun die zentralen Ergebnisse von 10 Jahren Schulenwettbewerb gesammelt und zusammengefasst.

Die vorliegende Dokumentation gliedert sich in drei Kapitel, die wichtige Kontexte (A.) des Trialogischen Lernens beschreiben, und vier Kapitel, in denen die Ergebnisse (B.) der Auswertung aller Daten zum Schulenwettbewerb vorgestellt und gedeutet werden. Der erste Kontext ist die Entstehungsgeschichte des Wettbewerbs *Schulen im Trialog*, denn die Genese und die Verortung des Großprojektes im Gesamtprogramm der Herbert Quandt-Stiftung ist von entscheidender Bedeutung für das Verständnis des *Trialogs der Kulturen* (1.). Zu den Kontexten zählt aber auch die Geschichte des Trialogs von Juden, Christen und Muslimen, die bis in das Mittelalter und hier in die Scholastik zurückreicht (2.). Ebenso muss aber auch die religionsdidaktische Disziplin des Trialogischen Lernens[5],

---

4 Vgl. *C. P. Sajak* (Hg.), Trialogisch Lernen. Bausteine für die interkulturelle und interreligiöse Projektarbeit, Seelze 2010; *Ders./A. Muth*, Standards für das Trialogische Lernen. Interkulturelle und interreligiöse Kompetenz in der Schule fördern, Bad Homburg v. d. Höhe 2011; *Ders.* (Hg.), Gotteshäuser. Entdecken – Deuten – Gestalten (Lernen im Trialog. Bausteine für interreligiöse und interkulturelle Lernprojekte 1), Paderborn 2012; *Ders.* (Hg.), Feste feiern. Jahreszeiten – Mahlzeiten – Lebenszeiten (Lernen im Trialog. Bausteine für interreligiöse und interkulturelle Lernprojekte 2), Paderborn 2013; *Ders.* (Hg.), Heilige Schriften. Texte – Themen – Traditionen (Lernen im Trialog. Bausteine für interreligiöse und interkulturelle Lernprojekte 3), Paderborn 2014; *Ders.* (Hg.), Schöpfung. Wissen – Kompetenzen – Haltungen (Lernen im Trialog. Bausteine für interreligiöse und interkulturelle Lernprojekte 4), Paderborn 2015.

5 Vgl. *C. P. Sajak*, Trialogisch Lernen.

die jüngst sogar zu einer Trialogischen Religionspädagogik[6] weitergeführt worden ist, als wissenschaftlich relevanter Kontext in dieser Studie vorgestellt und erläutert werden (3.).

Im Ergebnisteil wird die Auswertung der Daten aller Wettbewerbsrunden aus schul- und religionspädagogischer Perspektive auch mithilfe von Grafiken, Diagrammen und Schaubildern und eines statistischen (5.) wie auch eines qualitativen Zugangs (6.) präsentiert und interpretiert. Vorangestellt sind grundsätzliche Informationen zu Schulwettbewerben im Allgemeinen und den Regularien des Schulenwettbewerbs der Herbert Quandt-Stiftung (4.). Außerdem soll ein knappes Fazitkapitel die wichtigsten wissenschaftlichen Erkenntnisse und Ergebnisse bündeln und in Thesen zusammenfassen (7.).

Diese abschließende Auswertung des Schulenwettbewerbs wäre nicht möglich gewesen ohne die finanzielle Förderung der Herbert Quandt-Stiftung in Bad Homburg v. d. H. Besonderer Dank gilt deshalb dem letzten Stiftungsvorstand Dr. Christof Eichert und den langjährigen Bereichsleitern Dr. Roland Löffler und Dr. Bernadette Schwarz-Boenneke für ihre Unterstützung und Zuarbeit. Am Lehrstuhl für Religionspädagogik und Didaktik des Religionsunterrichts haben zuerst Frau Janine Winzen M.Ed. und später dann Frau Anne Oeldemann M.Ed. die Sichtung des Archivs und das Auslesen der Daten verantwortet. Frau Alissa Geisler B.A. hat die Betreuung des Manuskripts in ihre bewährten Hände genommen. Simon Biallowons und Anna Heinzle haben die Publikation dieser Studie im Herder-Verlag ermöglicht und begleitet. Auch ihnen allen gilt mein Dank.

Ostern 2019
Clauß Peter Sajak, Münster

---

6 Vgl. *C. P. Sajak*, Trialogische Religionspädagogik; und *G. Langenhorst*, Trialogische Religionspädagogik. Interreligiöses Lernen zwischen Judentum, Christentum und dem Islam, Freiburg i. Br. 2016.

A. Kontexte

1. Trialog der Kulturen – eine Reaktion auf die Krisen der Jahrtausendwende

1.1 Die Rückkehr der Religionen

Der Wettbewerb *Schulen im Trialog – Europäische Identität und kultureller Pluralismus* ist im Kontext des 1996 eingerichteten *Trialog der Kulturen* der Herbert Quandt-Stiftung konzipiert worden und kann als dessen dritte Phase verstanden werden.[1] Die Stiftung reagierte mit dieser Programmlinie auf die in der Mitte der 1990er-Jahre entbrannte Debatte »über die Frage nach den gesellschaftlichen Auswirkungen kultureller Differenzen […], die mit dem Begriff von ›Clash of Cultures‹ (Samuel Huntington) wenige Jahre zuvor undifferenziert, doch suggestiv für die angloamerikanische Welt thematisiert worden waren«.[2] Maßgeblicher Ideengeber war dabei George Lord Weidenfeld (1919–2016), der als langjähriges Mitglied des Stiftungsrates die Einrichtung eines ›Standing Committee‹ empfahl, dem prominente Entscheidungsträger aus den drei Kulturkreisen von Judentum, Christentum und Islam angehören sollten. Noch vor den kataklastischen Ereignissen des 11. September 2001 und der dadurch manifesten »Rückkehr der Religionen« (Martin Riesebrodt) hatten Vorstand und Stiftungsrat damit ein feines Gespür für die entscheidenden weltpolitischen

1 Vgl. zum Folgenden ausführlich *A. v. Kalnein*, Der Wettbewerb »Schulen im Trialog« und sein Beitrag zu europäischer Identität und kulturellem Pluralismus, in: Sajak, C. P. (Hg.), Trialogisch Lernen. Bausteine für die interkulturelle und interreligiöse Projektarbeit, Seelze 2010, 10–12.

2 Ebd., 11.

Trends und Entwicklungen der kommenden Dekaden entwickelt. Dabei spielte zum einen sicher der Jahrhundertzeuge Lord Weidenfeld mit seiner Biografie als überzeugter Europäer und engagierter Brückenbauer zwischen Juden und Christen eine entscheidende Rolle[3], zum anderen aber zeigten auch die zu dieser Zeit auf dem Balkan entflammten Religions- und Kulturkonflikte, die in einen blutigen Bürgerkrieg auf dem Gebiet des ehemaligen Jugoslawiens mündeten, in den Diskussionen des Stiftungsrates ihre Wirkung. Ein erstes Ergebnis der Diskussionen war das *Homburger Manifest* vom Herbst 1998, »welches auf zwei Zielgruppen für gesellschaftliches Handeln verwies – auf die Medien bzw. Nachwuchsjournalisten sowie auf Schulwesen und Curricula. Damit war es möglich, sich konkreten Fragestellungen dieses so sensiblen wie vielfältigen Themenkomplexes mit Rat und Tat zuzuwenden«.[4]

1.2 Die Ergebnisse der Birmingham-Studie

So wendete sich die Stiftung im folgenden Jahr der Frage zu, was die Schulbücher, Unterrichtsmaterialien und Curricula großer europäischer Staaten über Judentum, Christentum und Islam auf- und auswiesen. Zu diesem Zweck beauftragte sie Joergen Nielsen und Markus Vinzent am Department of Theology and Religion der University of Birmingham mit einer Analyse der Lehrpläne in den Staaten Griechenland, Italien, Spanien, Frankreich, Großbritannien, Schweden, Finnland und Deutschland zum Thema ›Religion‹: »Die von Lisa Kaul-Seidman zusammengetragenen Ergebnisse wurden im Juni 2003 dem Bundespräsidenten Rau in Form des Bandes ›Europäische Identität und kultureller Pluralismus: Judentum, Christentum und Islam in europäischen Lehrplänen‹ übergeben.«[5]

---

3 Vgl. *A. G. Weidenfeld*, Von Menschen und Zeiten – die Autobiographie, Wien 1995.

4 Vgl. *A. v. Kalnein*, Der Wettbewerb »Schulen im Trialog«, 11.

5 Ebd.

Die Studie zeigte minutiös auf, dass die Thematisierung von Judentum und Islam in den meisten Curricula recht spät erfolgt und dann auch häufig in Zusammenhang mit Konfliktsituationen oder im Rahmen von Migrationsproblemen behandelt wird. Das Christentum, so konstatierten die Wissenschaftler, komme vor allem als historische Größe und kulturhermeneutische Referenz vor, sodass in den meisten – wohlgemerkt: christlich geprägten – Staaten ein nahezu postchristliches Weltbild[6] vorherrsche, in dem gelebtes Christentum weitgehend außen vor bleibe.

Im Detail zeigten sich folgende Trends: In allen Ländern, die in der Studie untersucht wurden, sollten die Schülerinnen und Schüler darauf vorbereitet werden, »Bürger einer multikulturellen und in manchen Fällen pluralistischen Gesellschaft zu werden«[7]. Dabei wurde die westeuropäische, vom Christentum geprägte Kultur weiterhin unreflektiert als »selbstverständliche Koordinate der Bildungsziele, Curricula und Lehrbücher betrachtet«[8]. Das Judentum und der Islam wurden dagegen häufig als ›fremde‹, ›ausländische‹ oder auch ›andere‹ Kultur bezeichnet, was die Verfasser der Studie zu dem Schluss verleitete, »dass die Christenheit im Allgemeinen sich in den Grundmauern ihrer Existenz bedroht fühle, eigenartigerweise noch stärker durch sogenannte Bindestrich-Identitäten (Deutsch-Türke, Deutsch-Spanier usw.) und kulturelle Pluralität in der Gesellschaft«[9]. Die deutschen Curricula wurden 2003 bereits als veraltet angesehen und auch die Unterrichtswerke zeigten für die Verfasser zu wenig interreligiöse und interkulturelle Medien und Materialien. In den unterschiedlichen Fächern – Religionsunterricht, Geschichtsunterricht sowie Sprach- und Literaturunterricht zeigten sich folgende Auffälligkeiten: »Der Religionsunterricht war

6 Vgl. *L. Kaul-Seidmann et al.*, Europäische Identität und kultureller Pluralismus, 11.

7 Ebd., 20.

8 *R. Löffler*, Kultureller Pluralismus in europäischen Curricula? Die Studie der Universität Birmingham und der Wettbewerb »Schulen im Trialog«, in: Sajak, C. P. (Hg.), Trialogisch Lernen. Bausteine für die interkulturelle und interreligiöse Projektarbeit, Seelze 2010, 74–83, hier 77.

9 Ebd.

bei allen Mängeln der ›trialogischste‹ Unterricht, gefolgt vom Geschichtsunterricht, aber mit erkennbarem Abstand zu den philologischen Disziplinen, die meist doch auf nationalen Logiken aufgebaut waren. Auch wenn der Religionsunterricht deshalb als zentrales interkulturelles Fach angesehen werden kann, gibt es auch hier Kritikpunkte – etwa im Blick auf den prozentualen Anteil von Judentum und Islam, gerade im Primarbereich. Hier scheint die Untersuchung aber zu wenig zu berücksichtigen, dass dies religionspädagogisch zumeist gewollt ist, weil es gerade auch entwicklungspsychologisch im Grundschulalter zunächst um die Stabilisierung der eigenen religiösen und kulturellen Identität geht.«[10]

Im Kontext des aktuellen religionspolitischen Diskurses um die Frage, ob der konfessionelle Religionsunterricht noch eine zeitgemäße Form religiöser Bildung in der Schule sei, ist ein Befund bemerkenswert und hilfreich, der von Löffler in seiner Zusammenfassung als »geradezu paradox«[11] bezeichnet wird, nämlich die Erkenntnis, »dass in den Ländern, in denen ›Religionskunde‹ angeboten wird – also nicht bekenntnisgebunden, sondern als Fach, das neutral und vergleichend über Religion informiert –, es einen sehr viel größeren Mangel an Lehrmaterialien und -inhalten zu Islam und Judentum gibt als dort, wo eine konfessionelle, religiöse Unterweisung stattfindet«.[12]

1.3 Die Idee eines Schulenwettbewerbs

Aber es gab nicht nur problematische und bedenkliche Befunde: In den ca. 200 untersuchten Schulen fanden sich auch zahlreiche eindrucksvolle Belege guter trialogischer Praxis. Gerade Schulen in

10 Ebd., 78.

11 Ebd.

12 Ebd.; Vgl. in der Studie *L. Kaul-Seidmann et al.*, Europäische Identität und kultureller Pluralismus, 21.

Ländern, die keine ausgeprägte Lehrplanobservanz kennen, lieferten eindrucksvolle Best-Practice-Beispiele, wie sich die Heterogenität in Lebenswelt und Klassenzimmer angemessen behandeln ließ. Hier setzte nun der Wettbewerb der Stiftung *Schulen im Trialog – Europäische Identität und kultureller Pluralismus* an, der 2005 zum ersten Mal ausgeschrieben wurde. Dieser sollte Lehrerinnen und Lehrer, aber auch Schülerinnen und Schüler aller Schultypen motivieren, sich mit dem Trialog der abrahamischen Kulturen auseinanderzusetzen, um kreative und innovative Beiträge zur Wissensvermittlung über die drei monotheistischen Religionen zu entwickeln. Die jährlichen Wettbewerbsrunden standen seit 2007 dann unter wechselnden Schwerpunktthemen. Sie lauteten u. a. Was glaubst du denn?; Schalom – Frieden – Salam?! Friedens- und Konfliktpotenziale in Judentum, Christentum und Islam; Aufwachsen – Erwachsen. Kindheit und Jugend in Christentum, Judentum und Islam heute; Fremde – Heimat – globale Welt; Meine, deine, unsere Welt – wie gestalten wir die Zukunft? Die von der Jury zum Wettbewerb zugelassenen Schulen erhielten jeweils ein Startgeld, mit dem sie im Laufe des Schuljahrs ihre Konzepte verwirklichen konnten: Projektwochen, Podiumsdiskussionen, Gedenkveranstaltungen, Autorenlesungen, aber auch Filmproduktionen, Theateraufführungen, Musicalinszenierungen, Interviews mit Vertreterinnen und Vertretern der Religionen, Print-Dokumentationen oder Internetplattformen zum Wettbewerbsthema. Zudem hatten die Schulen während des Schuljahrs Gelegenheit, sich bei einem ›Markt der Möglichkeiten‹ gegenseitig kennenzulernen und den Juroren vorzustellen.

Die Stiftung legte bei der Auswahl der teilnehmenden Schulen und den damit verbundenen Entscheidungsprozessen Kriterien zugrunde, die sich an den Ergebnissen und Hinweisen der Birmingham-Studie orientierten. So waren Faktoren wie Nachhaltigkeit, also eine Verankerung der Trialog-Thematik im schulinternen Curriculum, die Einbindung von Lehramtsanwärtern wie auch ein Engagement von Seiten der Eltern Voraussetzung für eine erfolgreiche Teilnahme und etwaige Auszeichnung.

2. Trialog der abrahamischen Religionen – eine alte Tradition

2.1 Der Ursprung des Trialogs: Toledo

Als sich die Herbert Quandt-Stiftung Mitte der 1990er-Jahre den Religionskonflikten auf dem Balkan und damit verbunden dem Anliegen eines Trialogs von Juden, Christen und Muslimen heute widmete, konnte sie auf eine Jahrhunderte alte Tradition in der abendländischen Kultur- und Religionsgeschichte zurückgreifen. Religionsgespräche zwischen Juden, Christen und Muslimen gibt es seit dem Mittelalter, genauer gesagt seit dem 12. Jahrhundert. Der jüdische Philosoph und Avicenna-Schüler Abraham Ibn Daud (1110–1180) gilt in der philosophiegeschichtlichen Forschung als der Begründer eines Trialogs von Juden, Christen und Muslimen. Er entwickelte im christlichen Toledo als jüdischer Philosoph und Aristoteliker auf der Suche nach theologischen Wahrheiten das irenische und konstruktive Gespräch mit den christlichen und muslimischen Theologen seiner Zeit. Dies war auch deshalb möglich, weil im Toledo des 12. Jahrhunderts in einer bis dahin wohl einmaligen Weise unter der Herrschaft von König Alfons VI. ein friedliches Zusammenleben von Juden, Christen und Muslimen möglich geworden war, das sich auch in wissenschaftlichem Austausch und philosophischen Disputationen niederschlug. So schreibt der Philosophiehistoriker Alexander Fidora: »Toledo ist längst zum Inbegriff der Toleranz und des toleranten Miteinanders der drei großen Buchreligionen im Mittelalter geworden«[13]. Zwar ist die Quellenlage insgesamt recht spärlich, doch ist aus den überlieferten Schriftzeugnissen zu erkennen, dass Abraham Ibn Daud vor allem mit dem christlichen Theologen

13 *A. Fidora,* Abraham Ibn Daud und Dominicus Gundissalinus. Philosophie und religiöse Toleranz im Toledo des 12. Jahrhunderts, in: Lutz-Bachmann, M./Fidora, A. (Hg.), Juden, Christen und Muslime. Religionsdialoge im Mittelalter, Darmstadt 2004, 10–26, hier 10.

und Archidiakon Dominicus Gundisalvi (1110–1181) einen intensiven Diskurs pflegte, aus dem verschiedene Schriften hervorgegangen sind. Gundisalvi war der wohl bedeutendste Vertreter der Übersetzerschule von Toledo, die im 12. Jahrhundert unter dem Patronat des Erzbischofs Raimund eine ganze Reihe von bedeutenden Werken arabisch-hebräischer Denker ins Lateinische übersetzte und somit für den scholastischen Diskurs zugänglich machte. Ibn Daud sah in seinen überlieferten Hauptwerken *Buch der Überlieferung* und *Buch des erhabenen Glaubens* »den Bezug der Religion zur philosophischen Vernunft nicht nur dem jüdischen Gesetz eingeschrieben, sondern erkennt darin ein invariables Charakteristikum einer jeden Religion«[14]. Somit entwickelte er eine Denkfigur, die als Vernunftreligion oder natürliche theologische Erkenntnisfähigkeit vor allem in der Aufklärung des 18. Jahrhunderts u.a. bei Gotthold Ephraim Lessing eine bedeutende Rolle spielen sollte. Entsprechend ist das Charakteristische des philosophischen Religionsgesprächs zwischen Abraham Ibn Daud und Dominicus Gundisalvi der bewusste Rekurs »auf die philosophische Vernunft als Grundlage des gemeinsamen Gesprächs. Der Dialog der Religion findet daher in Toledo nicht unvermittelt zwischen den Vertretern der einzelnen Religionen statt, sondern er ereignet sich im Raum der Philosophie, genauerhin [...] auf dem Feld der an der Toledaner Übersetzungsschule angefertigten Übersetzungen«[15]. In der Rezeption der großen antiken Texte und in ihrer Aneignung durch Übersetzung entstand hier eine philosophische und theologische Dynamik, die die Vertreter der drei Religionen in einen Trialog im Sinne des Wortes, also eine Drei-Rede hineinführte, die sich mithilfe des Instruments der natürlichen Vernunft um die Fragen nach den letzten Dingen drehte. Dabei entwickelten Ibn Daud und Gundisalvi das Projekt eines rationalen Diskurses von Religion, das sich zum Leitfaden die kri-

14 Ebd., 14.

15 Ebd., 21.

tische Vernunft bestimmt, die die Wahrheitsansprüche der Religionen zu prüfen hat.

2.2 Trialog im Zentrum der Scholastik: Paris

Auch in Zentren der Scholastik, in denen es weniger Berührungs- und Begegnungsmöglichkeiten mit jüdischen und muslimischen Denkern gab, kam in dieser Zeit die Idee eines Trialogs im Sinne des vernunftgelenkten Diskurses über die Ziele und Anliegen der abrahamischen Religionen auf. So entwickelte Petrus Abaelardus (1079–1142) in Paris das Format eines Gesprächs zwischen einem Philosophen, einem Juden und einem Christen – *Collationes sive Dialogus inter Philosophum Iudaeum et Christianum* –, das zwar keinen expliziten Trialog im Sinne einer Begegnung von authentischen Vertretern der drei abrahamischen Religionen darstellt, das aber nichtsdestotrotz auf der Basis der Vernunft eine Auseinandersetzung über das Schrift- und Offenbarungsverständnis der drei großen monotheistischen Religionen liefert. Dabei wurde deutlich, dass der ›heidnische Philosoph‹ in diesem Gespräch niemand anderes als ein Muslim sein sollte, der diese jüngste der monotheistischen Religionen in den Streit von Juden und Christen über Anspruch und Wahrheit der eigenen Religion einbringen konnte.[16]

Auch der wohl bedeutendste mittelalterliche Denker und Scholastiker, der in Neapel, Paris und Rom lehrende Thomas von Aquin (1224–1274) hat sich in einem seiner Hauptwerke der philosophischen Auseinandersetzung zwischen Juden, Christen und Muslimen gewidmet. In der *Summa contra Gentiles* richtete Thomas seine theologische Argumentation nicht nur an der Explika-

16 Vgl. *S. Seit*, Dilectio consummatio legis. Abaelards Gespräch eines Philosophen, eines Juden und eines Christen und die Grenzen einer rationalen Gotteslehre, in: Lutz-Bachmann, M./ Fidora, A.: Juden, Christen und Muslime. Religionsdialoge im Mittelalter, Darmstadt 2004, 40–95, hier 45.

tion und Begründung des christlichen Glaubens vor dem Forum heidnischer Vernunft aus, sondern griff auch durch die ständige Rezeption und Variation der arabischen Aristoteles-Interpreten Avicenna und Averroës muslimische Denkfiguren und Argumentationsmuster auf. Dabei explizierte Thomas bereits im Prolog »einige Grundsätze, die nicht nur für das Verhältnis von christlichem Glauben und philosophischer Vernunft, sondern auch für den wissenschaftlichen Dialog der christlichen Theologen mit den Juden und den Muslimen seiner Zeit zu beachten sind«[17].

In diesem Zusammenhang wies Thomas den unterschiedlichen Quellen der drei Religionen eine zentrale Bedeutung für die Logik des Arguments zu:

> »Im Falle des Judentums ist dies (zumindest zum Teil) das Alte Testament, das für Thomas die gemeinsame Grundlage eines solchen Gespräches abgibt. [...] Anders sieht nach Thomas dagegen das Verhältnis zu den Vertretern des Islam aus. Da diese im Unterschied zu den Vertretern des Judentums ihren Glauben nicht auf einen der beiden kanonischen Texte des christlichen Gottesbekenntnisses stützen, ist eine Debatte mit ihnen wie im Falle der ›Heiden‹ darauf angewiesen, ›auf den natürlichen Verstand zurückzugreifen, dem alle zuzustimmen gezwungen sind‹.«[18]

Somit benannte Thomas auch Grenzen eines Trialogs der drei monotheistischen Religionen, denn im Unterschied zum Judentum, mit dem das Christentum die hebräische Bibel als Offenbarungsquelle teilt, war für die christliche Theologie im Gespräch mit dem Islam nur der Rekurs auf die demonstrative Wahrheits-

---

17 *M. Lutz-Bachmann*, Rationalität und Religion. Der Beitrag des Thomas von Aquin zu einer rationalen Grundlegung des Religionsdialogs in der Summa contra gentiles, in: Lutz-Bachmann, M./Fidora, A. (Hg.): Juden, Christen und Muslime. Religionsdialoge im Mittelalter, Darmstadt 2004, 96–118, hier 100.

18 Ebd., 115.

einsicht des natürlichen Verstandes als gemeinsame Gesprächsebene zu nutzen. »Ein Dialog auf der Ebene der Wahrheitsansprüche der Glaubenslehre erscheint [Thomas] dagegen unmöglich, da es dem Islam, respektive Mohammed, an einer klaren Einsicht in die Differenz zwischen Philosophie und Religion, wissenschaftlichem Wissen und Glaubenseinsicht fehlt.«[19]

2.3 Trialog auf der Insel: Mallorca

Ein weiterer wichtiger Ort des Trialogs findet sich auf der Baleareninsel Mallorca, genau an der Schnittstelle der mittelalterlichen Seewege von Spanien nach Nordafrika, aber auch in Richtung des Heiligen Landes. In das Kloster Santuari de Nostra Senyora de Cura auf dem Tafelberg Puig de Randa hatte sich 1263 der katalanische Philosoph, Logiker und Theologe Ramon Llull, besser bekannt als Raimundus Lullus (1232–1316), als Eremit zurückgezogen, um sich dort dem Gebet, der Meditation und der Metaphysik zu widmen. Was in Toledo Abraham Ibn Daud für das Judentum geleistet hatte, wird in der Geschichte der christlichen Theologie Raimundus Lullus zugeschrieben: Er gilt als der Begründer eines Trialogs der Religionen.[20] Erst drei Jahre vor seiner Geburt war Mallorca im Zuge der Reconquista von einer christlichen Armee aus muslimischer Herrschaft rückerobert worden, sodass Lullus auf seiner Heimatinsel in jungen Jahren ausreichend Gelegenheit hatte, »sich von der dringenden politischen Notwendigkeit religiöser Eintracht und zugleich vom Versagen der zeitgenössischen apologetischen Praxis zu überzeugen«[21].

---

19 Ebd., 116.

20 Vgl. A. *Fidora,* Ramon Llull – Universaler Heilswille und universale Vernunft, in: Lutz-Bachmann, M./Fidora, A. (Hg.), Juden, Christen und Muslime. Religionsdialoge im Mittelalter, Darmstadt 2004, 119–133.

21 Ebd., 120.

In einem seiner frühen Werke, der *Logik des al-Ghazali*, gibt sich Lullus »Rechenschaft über die Schwierigkeiten des Dialogs«[22] mit Andersgläubigen. Dabei kommt er zu folgender Konsequenz: Jeder interreligiöse Dialog muss »von jenem hermeneutischen Grundsatz ausgehen, den man in unseren Tagen das ›principle of charity‹ (Donald Davidson) genannt hat, nämlich die Annahme, dass die Aussage des anderen einen möglicherweise wahren propositionalen Gehalt besitzt und nicht einfach Unsinn ist. Das heißt aber zugleich, dass auch wir unsere eigenen Ansichten im Gespräch unter dem Vorbehalt formulieren müssen, dass deren Wahrheit auch nur eine mögliche Wahrheit ist, denn ansonsten könnten wir die Aussagen des anderen nicht für möglich halten«[23]. Um der Gefahr des Relativismus in diesem Kontext zu entgehen, fordert »er immer wieder, dass die Wahrheitsansprüche auch religiöser Überzeugungen rational nachvollziehbar sein müssen, so etwa im ›*Buch der Beweise*‹«[24]. In der *Ars lulliana* formuliert Lullus die Idee eines Trialogs aus einer Perspektive, »die alle möglichen Vorurteile über die zu verhandelnden Sachverhalte, seien diese religiöser oder anderer Natur, von vornherein ausschließt«[25]. Alexander Fidora resümiert:

> »Für Llull steht außer Frage, dass das Heilsangebot Gottes für die Menschen aller Sprachen, Kulturen, Religionen und Zeiten gilt, und darum muss es verkündet werden. [Die über 250 Schriften Lulls, C.P.S.] gehen aus vom universalen göttlichen Heilswillen und zielen auf das universale Projekt der Vernunft, das alle Bereiche der Wirklichkeit vom Sinnlichen bis zum Geistigen, von der Praxis bis zur Theorie, von der Natur bis zur Offenbarung erfasst. So veranschaulichen alle Werke Llulls in letzter Konsequenz dasselbe: Die Vernunft

22 Ebd., 121.
23 Ebd., 122.
24 Ebd., 123.
25 Ebd., 127.

> ist *eine* in allen und allem, und sie ist offen für alles, auch für Gott; nichts anderes aber heißt universal.«[26]

Von besonderer Bedeutung ist *Das Buch vom Heiden und den drei Weisen*[27], in dem Lullus tatsächlich ein theologisches Dreigespräch inszeniert: Vor den Toren einer Stadt treffen sich ein jüdischer, ein christlicher und ein muslimischer Gelehrter, die in der Hitze des Mittags im Schatten zusammensitzen und zum Zeitvertreib über Glaubensfragen sprechen wollen. Ein Heide tritt hinzu und veranlasst die drei Gelehrten, argumentativ für ihre je eigene Religion zu werben. In diesem erzählerischen Rahmen entfaltet sich nun ein Trialog der Religionsvertreter:

> »Im ersten Buch wird mit zwingenden Argumenten bewiesen, daß Gott existiert [...] und daß es eine Auferstehung geben wird. Das zweite Buch enthält die Überzeugungen des weisen Juden, der versucht, seinen Glauben gegenüber dem Islam und Christentum als den besseren zu erweisen. Das dritte Buch führt die Argumente des weisen Christen auf, der seinerseits versucht, den christlichen Glauben gegenüber dem islamischen und jüdischen als den besseren zu erweisen. Im vierten Buch schließlich werden die Gründe des weisen Sarazenen dargestellt, der ebenso zu zeigen versucht, daß sein Glaube dem der Juden und der Christen überlegen ist.«[28]

Da es keinem gelingt, die anderen zu überzeugen, vereinbaren die drei Weisen, dass sie das Religionsgespräch so lange fortsetzen wollen, bis sie zur Erkenntnis der Wahrheit in der Frage der Religion gelangt seien.

---

26 Ebd. 133.

27 *R. Lullus*, Das Buch vom Heiden und den drei Weisen. Übersetzt und herausgegeben von T. Pindl, Stuttgart 1998.

28 Ebd., 6.

Nicht nur der Schluss mit seinem eschatologischen Vorbehalt in Sachen Wahrheitsfrage erinnert an die Ringparabel, die in ihrer wohl bekanntesten Fassung von Gotthold Ephraim Lessing (1729–1781) im dritten Akt seines Ideendramas *Nathan der Weise* in die europäische Kunst- und Literaturgeschichte eingegangen ist. Hier können sich die drei Söhne des einen Vaters nicht über die Echtheit und damit die Wahrheit der ihnen überlassenen Ringe einigen und sollen am Ende der Zeit das Urteil über die Wahrheit ihrer Überlieferung einem weiseren Richter überlassen. Zwar kommt der Begriff des Trialogs bei Lessing nicht explizit vor, doch kann das gesamte Theaterstück als narrativer Diskurs über das Verhältnis von Juden, Christen und Muslimen mit den ihnen eigenen Wahrheitsansprüchen verstanden werden.[29] Anlass für diesen inszenierten Trialog auf der Bühne war ein Publikations- und Predigtverbot, das Lessing aufgrund seiner Ausführungen zu einer allen Religionen zugrundeliegenden natürlichen, also positiven Religion, auferlegt worden war. Deshalb nutzte er nach eigenen Worten die Bühne als Kanzel und entwarf im *Nathan* die Vision eines friedlichen Zusammenlebens von Juden, Christen und Muslimen im Heiligen Land und dies vor dem Hintergrund einer Religionstheologie, in der sich der Wahrheitsanspruch der verschiedenen Religionen an dem Maß der von ihnen gelebten Liebe messen lassen muss.[30]

Doch zurück ins Mittelalter, in dem schließlich im 14. Jahrhundert nicht nur die Sache, sondern auch der Begriff des Trialogs begründet worden ist.

---

29 Vgl. *K-J. Kuschel*, »Jud, Christ und Muselmann vereinigt«? Lessings »Nathan der Weise«, Düsseldorf 2004; und *J.-H. Tück/R. Langthaler* (Hg.), »Es strebe von euch jeder um die Wette«. Lessings Ringparabel – ein Paradigma für die Verständigung der Religionen heute?, Freiburg i. Br. 2016.

30 *C. P. Sajak*, »Da wird ein weiser Mann auf diesem Stuhle sitzen«. Lessings Gottesbild in ›Nathan der Weise‹, in: ru. Ökumenische Zeitschrift für den Religionsunterricht 33 (2003) 2, 58–61.

2.4 Die Verwendung des Trialog-Begriffs: Leicestershire und Kues

Auch wenn das Bemühen um ein friedliches und konstruktives Religionsgespräch zwischen Juden, Christen und Muslimen bereits im 11. Jahrhundert nachweisbar ist, so ist die mittellateinische Wortschöpfung ›Trialog‹ erstmals im 15. Jahrhundert bei John Wycliff (1330–1384) und Nikolaus von Kues (1401–1464) verwendet worden und zwar als Titel von Schriften, in denen drei Parteien – oft als Allegorien – miteinander ein philosophisches Gespräch führen.[31] Nun, am Ende des Mittelalters und an der Schwelle zur Neuzeit, spielte es offensichtlich keine Rolle mehr, dass aus philologischer Perspektive die Herleitung von ›Tri-alog‹ (Drei-Rede) von ›Dia-log‹ (also: Gegen-Rede) Unsinn ist und einem Kategorienfehler unterliegt. Wycliff und später auch Kues liefern in diesen Jahrzehnten für die Verwendung des Begriffs ›Trialog‹ zahlreiche Beispiele, die »seine Verwendung zur Bezeichnung eines Gesprächs mit drei Beteiligten nicht nur zu belegen, sondern auch zu rechtfertigen geeignet sind«[32]. Nikolaus von Kues ist es auch, der in einer anderen Schrift, nämlich in seinem Dialog *De pace fidei*, vor dem Hintergrund der Eroberung Konstantinopels durch die Truppen Muhammads II. 1453 eine diskursive Auseinandersetzung mit religiösen Wahrheitsansprüchen exemplarisch durchspielt, um so in einem Programm religiöser Zivilisierungsbemühungen das Gewaltpotenzial von Christentum und Islam zu mindern und einzuhegen. Dabei gestaltet er den Dialog über den Glaubensfrieden in Form einer erzählten Debatte, die in der Forderung mündet, sich der mühsamen, aber notwendigen »hermeneutischen Arbeit mit fremden Traditionen und ihren heiligen Schriften [zu stellen]. Das alles wird indirekt als Arbeitsbereich des

31 Vgl. *S. Schreiner*, Trialog der Kulturen. Anmerkungen zu einer wegweisenden Idee, in: Sajak, C. P. (Hg.), Trialogisch Lernen. Bausteine für die interkulturelle und interreligiöse Projektarbeit, Seelze 2010, 18–24, hier 18.

32 Ebd., 19.

Verstandes bezeichnet. [...] So wird die intellektuale Ebene indirekt für den interreligiösen Frieden wirksam«[33].

Zusammengefasst: Mittelalterliche Denker von Abraham Ibn Daud bis Nikolaus von Kues haben zum einen in den Jahrhunderten der islamischen Eroberungen, der Reconquista, der Judenpogrome und der Glaubenskriege zwischen Okzident und Orient die Idee eines friedlichen und konstruktiven Religionsgespräches zwischen Juden, Christen und Muslimen entwickelt, das auf der Basis der Vernunft als natürlicher Erkenntnisquelle Raum für ein diskursives Ringen um die theologische Wahrheit eröffnen soll. Zugleich ist in dieser Zeit der Begriff des ›Trialogs‹ in der Weiterentwicklung des Dialogs als Instrument der Wahrheitssuche eingeführt und entfaltet worden. In der Neuzeit geriet der Begriff des Trialogs vor dem Hintergrund der Ausgrenzung und Assimilation des europäischen Judentums und einer zunehmenden Frontstellung zwischen Christen und Muslimen im jahrhundertelangen Konflikt zwischen dem christlichen Kaiserreich und den muslimischen Osmanendynastien allerdings in Vergessenheit.

2.5 Die Rückbesinnung: Rom und Genf

Erst im Ausgang der Moderne, nämlich in der zweiten Hälfte des 20. Jahrhunderts, besannen sich die großen christlichen Kirchen wieder auf eine Annäherung an Judentum und Islam und auf eine religionstheologische Neubestimmung des Verhältnisses zu den nichtchristlichen Religionen. Noch 1910 war man auf der Weltmissionskonferenz in Birmingham davon ausgegangen, dass spätestens in der nächsten Generation die gesamte besiedelte Welt christianisiert sein werde.[34] Der Zusammenbruch des Kolonialis-

33 *M. Riedenauer,* Logik, Rationalität und religiöse Rede nach Nikolaus Cusanus, in: Lutz-Bachmann, M./Fidora, A. (Hg.), Juden, Christen und Muslime. Religionsdialoge im Mittelalter, Darmstadt 2004, 192–220, hier 219.

34 Vgl. *P. Neuner/B. Kleinschwärzer-Meister,* Kleines Handbuch der Ökumene, Düsseldorf 2002, 83.

mus und die Unabhängigkeitsbewegungen in den außereuropäischen Staaten nach zwei von Europa ausgehenden Weltkriegen ließen diese Vision einer euro- und damit christozentrischen Weltordnung aber im Laufe des 20. Jahrhunderts zu einer töricht anmutenden Illusion werden.

In der katholischen Kirche ist das Verhältnis zu den anderen Religionen dann maßgeblich durch die Beschlüsse des II. Vatikanischen Konzils, das zwischen 1962 und 1965 in Rom stattfand und eine Öffnung der katholischen Kirche zur Moderne hin (Papst Johannes XXIII: »aggiornamento«) unternahm, neu bestimmt worden. So markiert die Konzilserklärung über das Verhältnis der katholischen Kirche zu den nichtchristlichen Religionen, die nach ihrem lateinischen Titel als *Nostra aetate* zitiert wird, einen paradigmatischen Wechsel, den ein kundiger Beobachter wie folgt zusammengefasst hat: »Vor dem II. Vaticanum war die Haltung der Kirche gegenüber den nichtchristlichen Religionen negativ, heute ist sie grundsätzlich positiv«[35]. In dieser Erklärung über das Verhältnis zu den nichtchristlichen Religionen war plötzlich ein bis dahin unbekannter warmer und anerkennender Ton und eine wirkliche Wertschätzung für die anderen Religionen spürbar:

> »Die katholische Kirche lehnt nichts von alledem ab, was in diesen Religionen wahr und heilig ist. Mit aufrichtigem Ernst betrachtet sie jene Handlungs- und Lebensweisen, jene Vorschriften und Lehren, die zwar in manchem von dem abweichen, was sie selber für wahr hält und lehrt, doch nicht selten einen Strahl jener Wahrheit erkennen lassen, die alle Menschen erleuchtet.« (*Nostra aetate 2*)[36]

---

35 *O. N. Mohammed*, Multiculturalism and Religious Education, in: Religious Education 87 (1992), 62–73, hier 66.

36 *Nostra aetate* wird zitiert nach *E. Fürlinger* (Hg.) Der Dialog muss weitergehen. Ausgewählte vatikanische Dokumente zum interreligiösen Dialog, Freiburg i. Br./Basel/Wien 2009, 43–48.

Im Weiteren wandte sich das Dokument dem Islam als der dem Christentum nächststehenden Offenbarungsreligion zu. Im Rückblick auf die über ein Jahrtausend währende Konkurrenzbeziehung zwischen Christen und Muslimen sind die Aussagen dieses Abschnittes beeindruckend versöhnlich:

> »Da es jedoch im Lauf der Jahrhunderte zu manchen Zwistigkeiten und Feindschaften zwischen Christen und Muslimen kam, ermahnt die Heilige Synode alle, das Vergangene beiseite zu lassen, sich aufrichtig um gegenseitiges Verstehen zu bemühen und gemeinsam einzutreten für Schutz und Förderung der sozialen Gerechtigkeit, der sittlichen Güter und nicht zuletzt des Friedens und der Freiheit für alle Menschen.« (*Nostra aetate 3*)

Die Wertschätzung für die Muslime wurde in folgender, zentraler Passage formuliert:

> »Mit Hochachtung betrachtet die Kirche auch die Muslime, die den alleinigen Gott anbeten, den lebendigen und in sich seienden, barmherzigen und allmächtigen, den Schöpfer des Himmels und der Erde, der zu den Menschen gesprochen hat. Sie mühen sich, auch seinen verborgenen Ratschlüssen sich mit ganzer Seele zu unterwerfen, so wie Abraham sich Gott unterworfen hat, auf den der islamische Glaube sich gerne beruft. Jesus, den sie allerdings nicht als Gott anerkennen, verehren sie doch als Propheten, und sie ehren seine jungfräuliche Mutter Maria, die sie bisweilen auch in Frömmigkeit anrufen. Überdies erwarten sie den Tag des Gerichtes, an dem Gott alle Menschen auferweckt und ihnen vergilt. Deshalb legen sie Wert auf sittliche Lebenshaltung und verehren Gott besonders durch Gebet, Almosen und Fasten.« (*Nostra aetate 3*)

Es folgte die Neubestimmung des Verhältnisses zum Judentum. Diese Passage gehört wohl zu den rezeptionsgeschichtlich bedeutendsten Textstellen der Erklärung. Zwanzig Jahre nach der Befreiung von Auschwitz würdigte die katholische Kirche das Leidenszeugnis des jüdischen Volkes und verurteilte scharf alle Formen der Diskriminierung und des Antisemitismus:

> »Im Bewußtsein des Erbes, das sie mit den Juden gemeinsam hat, beklagt die Kirche, die alle Verfolgungen gegen irgendwelche Menschen verwirft, nicht aus politischen Gründen, sondern auf Antrieb der religiösen Liebe des Evangeliums alle Haßausbrüche, Verfolgungen und Manifestationen des Antisemitismus, die sich zu irgendeiner Zeit und von irgend jemandem gegen die Juden gerichtet haben.« (*Nostra aetate 4*)

Zu einem Schuldbekenntnis[37] und einer Bitte um Vergebung für den katholischen Anteil am europäischen »Zivilisationsbruch« (Dan Diner) konnte sich das Konzil noch nicht durchringen. Diesen Schritt wagte erst Johannes Paul II. 35 Jahre später im Rahmen seiner Israel-Reise im Heiligen Jahr 2000. Das in der Holocaust-Gedenkstätte Yad Vashem ausgesprochene Schuldbekenntnis und sein Gebet an der Klagemauer in der Jerusalemer Altstadt bilden den Höhepunkt eines jüdisch-christlichen Dialoges auf höchster lehramtlicher Ebene, den Johannes Paul II. von Beginn seines Pontifikates an als persönliches Anliegen gefördert und vollzogen hat, zuerst im Jahre 1982 durch seinen Gang vom Vatikan zur Großen Synagoge von Rom.

Die furchtbaren Ereignisse des 11. September 2001 versetzten allerdings den Bemühungen um den interreligiösen Dialog einen schweren Schlag. Die islamistischen Anschläge auf das wirtschaftliche Zentrum der christlichen Welt und die parallel verlaufende

---

37 Vgl. *Johannes Paul II.*, Schuldbekenntnis, in: Freiburger Rundbrief. Zeitschrift für christlich-jüdische Begegnung 7 (2000), S. 106-109.

zweite palästinensische Intifada in Israel und den besetzten Gebieten verschärften die aktuellen politischen Konflikte zwischen Juden, Muslimen und Christen mitsamt ihren religiös-kulturellen Kontexten in besonders dramatischer Weise. Auf christlich-katholischer Seite führte die Wahl des ehemaligen Präfekten der Glaubenskongregation, Joseph Kardinal Ratzinger, zum Papst zu einer deutlichen Retardation. Dieser neue Papst Benedikt XVI. betrachtete den ökumenischen wie interreligiösen Dialog mit wesentlich größerer Vorsicht und Distanz als sein charismatischer Vorgänger Johannes Paul II. Zudem haben eine Reihe von unglücklichen Äußerungen des Papstes und der vatikanischen Behörden – genannt seien an dieser Stelle nur die sogenannte *Regensburger Vorlesung*, die Neuformulierung der Karfreitagsfürbitte für die Juden und die Wiederaufnahme der umstrittenen Pius-Bruderschaft in die Kirche – für eine nachhaltige Störung des Verhältnisses zu Juden und Muslimen geführt. Papst Benedikt hat allerdings durch verschiedene Gesprächsangebote an muslimische Theologen und durch eine nachdrückliche Verurteilung von Antisemitismus und Holocaust-Leugnung zumindest versucht, diese Irritationen aus der Welt zu schaffen. Seit der Wahl von Papst Franziskus I. am 13. März 2013 hat sich der interreligiöse Dialog mit dem Judentum und dem Islam aber wieder stabilisiert.

Auch die protestantischen Kirchen der lutherischen, der reformierten und der anglikanischen Tradition haben im 20. Jahrhundert zu einer neuen Verhältnisbestimmung gefunden, so z.B. der Ökumenische Rat der Kirchen (ÖKR) im Jahre 1970 in dem wegweisenden Dokument *Religiöse Pluralität und christliches Selbstverständnis*. Hier heißt es in einer an *Nostra aetate* erinnernden Passage:

> »As Christians we seek to build a new relationship with other religious traditions because we believe it to be intrinsic to the Gospel message and inherent to our mission as coworkers with God in healing the world. Therefore the mys-

tery of God's relationship to all God's people, and the many ways in which peoples have responded to this mystery, invite us to explore more fully the reality of other religious traditions and our own identity as Christians in a religiously plural world.«[38]

Damit wandte sich auch der Ökumenische Rat der Kirchen von einem ekklesiozentrischen Exklusivismus ab und griff die Denkfigur eines theozentrischen Inklusivismus auf, der den Dialog mit Judentum und Islam und damit den Trialog der abrahamischen Religionen neu ermöglichen sollte. Vor allem in der christlichen Religionspädagogik, die als Disziplin der Praktischen Theologie in einer religiös immer pluraler werdenden Gesellschaft das Gespräch mit Menschen anderer Glaubensgemeinschaften suchen musste, wurden diese Impulse dankbar aufgegriffen.

3. Trialogische Religionspädagogik – eine jüngere Entwicklung[39]

3.1 Bad Homburg: Abraham und der Trialog der Kulturen

Es ist eine besondere Pointe, dass das Anliegen eines Dreigespräches zwischen Juden, Christen und Muslimen zuerst von einem säkularen Protagonisten, nämlich von einer klassischen Industriestiftung, wiederbelebt und in den religionspädagogischen Dis-

38 *Ökumenischer Rat der Kirchen*, Religiöse Pluralität und christliches Selbstverständnis, Genf 1970, 3.

39 Teile dieses Kapitels stammen aus *C. P. Sajak*, Trialogische Religionspädagogik und Komparative Theologie. Strukturelle Analogien – produktive Kollisionen, in: Burrichter, R./Langenhorst G./von Stosch, K. (Hg.), Komparative Theologie: Herausforderung für die Religionspädagogik. Perspektiven zukunftsfähigen interreligiösen Lernens, Paderborn 2015, 31–48.

kurs eingetragen worden ist. Wie oben (1.1.) beschrieben, bemüht sich die Herbert Quandt-Stiftung in Bad Homburg v. d. Höhe schon seit 1996 um den ›Trialog der Kulturen‹, also um ein besseres Verständnis von Judentum, Christentum und Islam innerhalb der Religionsgemeinschaften wie auch im säkularen, aber eben religiös durch die abrahamischen Religionen geprägten Europa. Die Etablierung des Wettbewerbs *Schulen im Trialog – Europäische Identität und kultureller Pluralismus* ab 2005 trug maßgeblich zur Begründung des Trialogischen Lernens als zentraler Disziplin des interreligiösen Lernens überhaupt bei. Vor allem der Sammelband *Trialogisch Lernen. Bausteine für die interkulturelle und interreligiöse Projektarbeit* (2010)[40] setzte Maßstäbe, indem in ihm die Begriffe geschärft, Traditionen beleuchtet und Beispiele gelungener Praxis vorgestellt wurden. Trialogisches Lernen wurde hier als das Unternehmen definiert,

> »Menschen aus Judentum, Christentum und Islam an verschiedenen Lernorten in ein konstruktives Gespräch zu bringen, das zu Verstehen, Respekt und Wertschätzung führen kann. Gerade die angesprochene religionsgeschichtliche Verwandtschaft der drei Offenbarungsreligionen und die unbestreitbare religionstheologische Kongruenz im monotheistischen Glauben an den einen Gott verpflichten Juden, Christen und Muslime darauf, zu dem höchst notwendigen Großprojekt einer Zivilisierung von Religion samt ihres Konflikt- und Gewaltpotenzials in unserer Gesellschaft beizutragen.«[41]

Da interreligiöses Lernen generell darauf ausgerichtet ist

> »die bewusste Wahrnehmung, die angemessene Begegnung und die differenzierte Auseinandersetzung mit Zeugnissen

40 Vgl. *C. P. Sajak*, Trialogisches Lernen.

41 *C. P. Sajak*, Trialogische Religionspädagogik, 373.

> und Zeugen anderer Religionen einzuüben, so gilt dies umso mehr für die ›Menschen der Schrift‹ (Koran 3:199), also für Juden, Christen und Muslime, die so viele Gemeinsamkeiten in Glaube, Ethos, Kult und Kultur kennen. Und umgekehrt ist mit Blick auf die gesellschaftsprägende Kraft der drei abrahamischen Religionen zu fragen, wieweit wir unsere heutige europäische Kultur überhaupt angemessen verstehen, würdigen und fortschreiben können, ohne uns das gemeinsame Erbe der drei Religionen zu vergegenwärtigen.«[42]

Auch die im Rahmen der Wettbewerbsauswertung entwickelten Standards für das Trialogische Lernen fanden in der politischen Öffentlichkeit wie fachlichen Community große Beachtung.[43] Das lag auch daran, dass in der bundesdeutschen Bildungslandschaft bis dahin nirgendwo Bildungsstandards für interreligiöses und interkulturelles Lernen realisiert worden waren. Dies war insofern verständlich, als dass es für diese spezifische Fragestellung kein eigenes Schulfach gibt, hier vielmehr interdisziplinär und interkonfessionell gearbeitet werden muss. Sicherlich gab es in den bereits vorliegenden Bildungsstandard-Programmen und in den Bildungsplänen der einzelnen Bundesländer auch vereinzelt Überlegungen zum interreligiösen Dialog in der Schule. Eine kohärente Ausarbeitung zu diesem für Schule und Gesellschaft so zentralen Thema, das durch die Migrations- und Integrationsdebatte auch auf absehbare Zeit kaum an Relevanz verlieren wird, lag damals nicht vor.

In der wissenschaftlichen Nachbereitung der Wettbewerbsbeiträge wurde es deshalb zu einem vordringlichen Anliegen, diese Kompetenzen zu sichten und zu kategorisieren: Was genau hatten die Schülerinnen und Schüler in den verschiedenen Projekten der

---

42 Ebd.

43 Vgl. *C. P. Sajak/A. Muth*, Standards für das trialogische Lernen.

Wettbewerbsschulen gelernt und was hatten sie an Kompetenz, also in der Sprache der Bildungswissenschaft, an Problemlösefähigkeiten im Bereich der abrahamischen Religionen und der mit ihnen verbundenen Kultursysteme hinzugewonnen? Im Gegensatz zu den existierenden katholischen, evangelischen, jüdischen und muslimischen Standards religiöser Bildung, die aus Theoriemodellen der entsprechenden Religionspädagogik abgeleitet und verpflichtend gemacht worden sind, ließen sich aus den *Trialog der Kulturen*-Schulen nun Standards interreligiöser und interkultureller Bildung erheben, die in der schulischen Praxis von Schülerinnen und Schülern auch tatsächlich erreicht und erfüllt worden waren.

Der *Trialog*-Schulenwettbewerb ermöglichte also eine Erhebung von Kompetenzen aus der Empirie schulischer Praxis. Die hier erreichten Fähigkeiten und Fertigkeiten ließen sich in fünf Lernbereiche unterteilen, die komplementäre Kompetenzen umfassen, aber jeweils zu einer basalen Grundkompetenz für den interreligiösen und interkulturellen Dialog- bzw. Trialog im Raum von Schule beitragen sollten. Diese Grundkompetenzen als Standards Trialogischen Lernens lauten:

1. Die Relevanz von Religion auch in unserer heutigen Gesellschaft erkennen.
2. Den Dialog mit Menschen anderer Religion und Kultur praktizieren und fördern.
3. Den oder die andere in ihrer Religion und Kultur respektieren und anerkennen.
4. Die eigene religiöse Identität reflektieren und weiterentwickeln.
5. Über die Schule hinaus den Trialog der Kulturen pflegen und fördern.

Das daraus abgeleitete Kompetenzmodell gestaltet sich entsprechend wie folgt:

Kompetenzbereich 1: Relevanz erkennen
Kompetenz 1.1: Schülerinnen und Schüler stellen die Bedeutung der drei abrahamischen Religionen für die europäische Kulturgeschichte dar. **Kompetenz 1.2:** Schülerinnen und Schüler nehmen Zeichen, Zeugnisse und Zeugen der abrahamischen Religionen und Traditionen bewusst wahr.
Kompetenzbereich 2: Den Dialog fördern
Kompetenz 2.1: Schülerinnen und Schüler zeigen die Bedeutung von Religion als grundlegendes kulturelles, gesellschaftliches Phänomen auf. **Kompetenz 2.2:** Schülerinnen und Schüler nehmen konstruktiv am Dialog teil und leisten einen Beitrag zur zwischenmenschlichen Verständigung.
Kompetenzbereich 3: Den Anderen anerkennen
Kompetenz 3.1: Schülerinnen und Schüler setzen sich mit Konfessionen, Religionen und Weltanschauungen anderer Kinder und Jugendlicher auseinander. **Kompetenz 3.2:** Schülerinnen und Schüler begegnen Menschen anderer kultureller und religiöser Kontexte mit Respekt, Interesse und Wertschätzung.
Kompetenzbereich 4: Die eigene Identität weiterentwickeln
Kompetenz 4.1: Schülerinnen und Schüler setzen sich mit ihrem eigenen Glauben und ihrer eigenen Weltanschauung auseinander. **Kompetenz 4.2:** Schülerinnen und Schüler nehmen einen begründeten Standpunkt in ihrer eigenen Konfession, Religion oder Weltanschauung ein.
Kompetenzbereich 5: Über die Schule hinaus wirken
Kompetenz 5.1: Schülerinnen und Schüler eröffnen Perspektiven des abrahamischen Trialogs für Schulprofil und -gemeinschaft. **Kompetenz 5.2:** Schülerinnen und Schüler entwickeln Formen der Verständigung und der Zusammenarbeit mit außerschulischen Institutionen und ihrem lokalen Umfeld.

Abbildung 1: Standards für das Trialogische Lernen aus C. P. Sajak/A. Muth, Standards für das trialogische Lernen, 24.

Wie sich diese Standards konkret in der Praxis zeigen können, wurde dann im Folgenden an Best-Practice-Beispielen aus den Wettbewerbsschulen gezeigt.[44] Völlig unabhängig von der Herbert Quandt-Stiftung

44 Vgl. *C. P. Sajak/A. Muth*, Standards für das trialogische Lernen, 25–37.

hatte die evangelische Religionspädagogin Katja Baur zwei Jahre nach Beginn des Schulenwettbewerbs einen ersten konzeptionellen Entwurf zum Trialogischen Lernen vorgelegt, der hier nicht unerwähnt bleiben soll. Unter der Überschrift *Zu Gast bei Abraham*[45] sammelte sie religionsdidaktische Erfahrungsberichte und Unterrichtsmodelle aus dem Bereich des interreligiösen Lernens und systematisierte diese. Dabei verwendete sie die Gestalt Abrahams als theologisches Leitmotiv und didaktisches Integrativum: Abraham – im Hebräischen ›Avraham‹, im Arabischen ›Ibrahim‹ –, der in Judentum, Christentum und Islam als Erzvater und Patriarch verehrt wird, sollte auf den verschiedenen Stationen seines Wegs von Haran nach Beerscheba begleitet werden (vgl. Gen 12–22). Zu jeder der Stationen (Verheißungen, Hagar und Sarah, Altarerrichtung, Erprobung, Melchisedek etc.) lieferte Baur eine umfangreiche Unterrichtseinheit, der jeweils Informationen aus der Perspektive aller drei abrahamischen Religionen vorangestellt werden. Dadurch bekräftigte Baur ihren Anspruch, mit ihrem Kompendium Christen und Muslime befähigen zu wollen, ernsthaft einen Dialog miteinander zu führen und dabei das Judentum als gemeinsame Wurzel in ihren Dialog einzuschließen.[46]

3.2 Tübingen: Der Trialog als abrahamische Ökumene

In Tübingen ist im Kontext der umfangreichen Arbeiten von Hans Küng und Karl-Josef Kuschel zum sogenannten Weltethos-Projekt[47] zu Beginn des neuen Jahrtausends die Idee einer abrahamischen Ökumene aufgenommen und entfaltet worden.[48] Vor allem

45 Vgl. *K. Baur* (Hg.), Zu Gast bei Abraham. Ein Kompendium zur interreligiösen Kompetenzbildung, Stuttgart 2007.

46 Ebd., 9.

47 Vgl. grundlegend *H. Küng*, Projekt Weltethos, München 1990.

48 Vgl. *K.-J. Kuschel*, Streit um Abraham: Was Juden, Christen und Muslime trennt – und was sie eint, Düsseldorf 2001; *Ders.*, Juden – Christen – Muslime: Herkunft und Zukunft, Düsseldorf 2007.

Karl-Josef Kuschel hat im Folgenden in vielen seiner Publikationen die Idee des interreligiösen Dialogs zur Vision des Trialogs der abrahamischen Religionen geweitet. Für ihn ergibt sich die Notwendigkeit eines solchen Trialogs aus der gesellschaftlichen Realität in Europa mit 100 000 Juden sowie rund 3 Millionen Muslimen in Deutschland – und 4 Millionen Muslimen in Frankreich und 3 Millionen in Großbritannien.[49] Im Jahr 2020 könnte sich laut Hochrechnungen die Zahl der Muslime in Europa auf insgesamt 20 Millionen erhöht haben: »Alle europäischen Gesellschaften sehen sich mit sozialen und politischen Herausforderungen konfrontiert, für die sie nicht vorbereitet sind«[50]. Folglich ergibt sich für die drei großen abrahamischen Religionstraditionen die Verpflichtung, ernst zu machen mit der theologischen Reflexion »über die Gleichzeitigkeit der Koexistenz von Judentum, Christentum und Islam. Welches Zeichen setzt Gott damit, dass trotz aller feindseliger Abstoßung in der Vergangenheit alle drei: Synagoge, Kirche und Umma nebeneinander existieren?«[51] Weil aber alle drei Religionen eine »Erinnerungs-, Erzähl- und Lerngemeinschaft« bilden, die große Teile ihrer Überlieferungen teilen (Schöpfung, Sündenfall, den Bund des Noah, Abraham, den Dekalog sowie auch Jesus und Maria), können sie im Trialog zueinander finden und das gegenseitige Verständnis – trotz aller Unterschiede in Auslegung und Praxis – suchen.

Ein solches Programm des Trialogs skizziert Kuschel mit den Grundpfeilern Wurzelbewusstsein, Familiarität und Lernort:

1. Wurzelbewusstsein: Muslime, Christen und Juden haben eine gemeinsame Überlieferung, ein gemeinsames Vermächtnis. Sie sind eine besondere Erinnerungs-, Erzähl-

49 Vgl. *K.-J. Kuschel*, Trialogisch denken lernen. Zum Entwurf einer Theologie von Juden, Christen und Muslime, in: Religionsunterricht an höheren Schulen 51 (2008), 262–270, hier 262.

50 Ebd.

51 Ebd., 266f.

und Lerngemeinschaft, die entsprechend im religionspädagogischen Bemühen dieser drei Religionsgemeinschaften bewusst gemacht werden muss.

2. Familiarität: Juden, Christen und Muslime verstehen sich als Kinder des einen Gottes, der für sie Schöpfer, Lenker und Richter dieser Welt ist. Damit wird aus der Religionsgemeinschaft eine Völker- und Menschheitsfamilie, die Juden, Christen wie Muslime umfasst (in unnachahmlicher Weise hat das Gotthold Ephraim Lessing im Schlussbild seines Dramas *Nathan der Weise* gezeigt, in dem sich die Protagonisten der drei Religionen auf einmal als Mitglieder einer großen Familie entdecken).
3. Lernorte: So wie die Protagonisten in *Nathan der Weise* zum Teil schmerzhaft lernen müssen, dass sie Mitglieder einer Menschheitsfamilie sind, so müssen auch Juden, Christen und Muslime, so müssen vor allem Kinder und Jugendliche, die jüdischen, christlichen und muslimischen Glaubens sind, Lernorte finden, an denen sie sich ihrer gemeinsamen Wurzeln und ihrer familiären Verwandtschaft bewusst werden können.

Für Georg Langenhorst, der sich wiederum als Schüler von Karl-Josef Kuschel dem Trialog der abrahamischen Religionen verpflichtet sieht, ist das Trialogische Lernen kein neues Lernfeld, sondern ein Prinzip, das mit Blick auf die Geschichte und Gegenwart unserer Gesellschaft letztendlich allen religionspädagogischen Bemühungen zugrunde liegt. Die trialogische Perspektive muss »als ein Grundprinzip christlichen Denkens«[52] verstanden werden. Langenhorst fährt fort: »Religionspädagogisch verantwortbar von Gott reden heißt, trialogisch stets zu bedenken, dass es nicht nur um den Gott meiner Konfession, nicht nur um den Gott meiner Re-

52 *G. Langenhorst,* Trialogische Religionspädagogik. Konturen eines Programms, in: Religionsunterricht an höheren Schulen 51 (2008), 289–298, 293.

ligion, sondern um den Gott aller drei in sich noch vielfach ausdifferenzierten Religionen geht«[53]. Damit verknüpft Langenhorst eine zweite Voraussetzung: »Trialogisch denken lernen ist so primär die Aufforderung, sich selbst anders wahrzunehmen und die eigene Identität in Öffnung und Binnenperspektive klarer zu erkennen und zu profilieren«[54]. Hier wird die Analogie zum Anliegen der Komparativen Theologie und zu Grundhaltungen wie Methoden komparatistischen Unterfangens sofort deutlich. Von diesen beiden Voraussetzungen ausgehend macht Langenhorst das Trialogische Lernen am Lernort Schule vor allem auf zwei Ebenen konkret, nämlich zum einen »als Grundprinzip sämtlicher medial vermittelter Lernprozesse«[55], zum anderen als ein Lernen, das sich in explizit thematischen Feldern des interreligiösen Lernens immer wieder neu durchprägt. In diesem Schema unternimmt Langenhorst fünf Schritte interreligiösen Lernens, wie sie u. a. bei Stephan Leimgruber[56] grundgelegt worden sind, nämlich fremde Personen und religiöse Zeugnisse wahrnehmen, religiöse Phänomene deuten, durch Begegnungen lernen, die bleibende Fremdheit akzeptieren und in existenzielle Auseinandersetzungen verwickeln.

3.3 Heidelberg: Der Trialog als religionspädagogisches Gespräch

Während im Kontext des Tübinger Projekts christliche Theologen über trialogische Lernprozesse nachgedacht haben[57], ist in den letzten zehn Jahren in Heidelberg ein echter Trialog im Sinne

53 Ebd., 294.

54 Ebd.

55 Ebd., 295.

56 Vgl. *S. Leimgruber*, Interreligiöses Lernen, München 2007, 108–110.

57 Dies gilt auch für *G. Langenhorst*, Trialogische Religionspädagogik. Interreligiöses Lernen zwischen Judentum, Christentum und dem Islam, Freiburg i. Br. 2016, ein umfangreicher Entwurf, der sich dezidiert als christliches Konzept aus katholischer Perspektive versteht, vgl. 20.

des authentischen Gespräches von jüdischen, muslimischen und christlichen Theologinnen und Theologen entstanden. Hier ist im Jahr 2008 ein Gesprächskreis aus der Taufe gehoben worden, in dem sich unter Federführung von Harry Harun Behr, Katja Boehme, Daniel Krochmalnik und Bernd Schröder nun in jährlichem Abstand christliche, jüdische und muslimische Religionspädagoginnen und Religionspädagogen über religionspädagogische Fragen austauschen und dies in einer ›trialogischen‹ Fachbuchreihe dokumentieren. Dieses Forum trägt inzwischen den Titel *Religionspädagogische Gespräche zwischen Juden, Christen und Muslimen* und hat in dem Sinne ein Alleinstellungsmerkmal, als hier auf einer wissenschaftlichen Ebene die Vertreter der abrahamischen Ökumene in einen entsprechenden Diskurs treten können. In gewisser Weise ist dieses Forum komplementär zum Schulenwettbewerb der Herbert Quandt-Stiftung, in dem Schülerinnen und Schüler, also Kinder und Jugendliche aus Judentum, Christentum und Islam in ein fruchtbares Miteinander von Lernen und von Austausch und Reflexion treten sollen. Bernd Schröder macht in seinem programmatischen Beitrag zum Band 1 dieser Reihe deutlich, dass im Kontext dieses Unternehmens Trialog nicht als ein Dreigespräch verstanden werden soll, sondern als eine Folge von differenzierten Dialogizitäten.[58] So führt Schröder aus: »Begegnung und Gespräch vollziehen sich im Bewusstsein der engen Verwandtschaft gerade dieser drei Religionen (als monotheistische in unterschiedlicher Weise auf die biblisch bezeugte Geschichte Gottes mit den Menschen Bezug nehmende), aber auch im Wissen

58 *B. Schröder*, Gespräch zwischen Christen, Juden und Muslimen – religionspädagogische Motive und Perspektiven, in: Schröder, B./Behr, H. H./Krochmalnik, D. (Hg.), Was ist ein guter Religionslehrer? Antworten von Juden, Christen und Muslimen (Religionspädagogische Gespräche zwischen Juden, Christen und Muslimen Bd. 1), Berlin 2009, 27–53, hier 28. Vgl. auch: *Dies.* (Hg.), Der andere Abraham. Theologische und didaktische Reflexionen eines Klassikers, Berlin 2013; *Dies.* (Hg.), ›Du sollst Dir kein Bildnis machen‹. Bilderverbot und Bilddidaktik im jüdischen, christlichen und islamischen Religionsunterricht, Berlin 2013; *B. Schröder et al.* (Hg.), Buchstabe und Geist. Vom Umgang mit Tora, Bibel und Koran im Religionsunterricht, Berlin 2017; *D. Krochmalnik et al.* (Hg.), Das Gebet im Religionsunterricht in interreligiöser Perspektive, Berlin 2014.

um ihre Unterschiedlichkeit. Sie vollziehen sie im Regelfall dialogisch, ohne trialogische Konstellationen auszuschließen«[59]. Schröder unterscheidet im Folgenden vier Ebenen, die es im Kontext dieser alternierenden differenzierten Dialogizität zu bearbeiten gilt, nämlich

1. die Ebene der Praxis im Sinne der Begegnung von Angehörigen der drei Religionen an den klassischen Orten religiöser Bildung (Kindertagesstätten, Schule, Gemeinde, Erwachsenenbildung),
2. die Ebene der praxisleitenden Reflexion im Sinne religionsdidaktischer Konzeptentwicklung (hier geht es um die Frage des konfessionell-kooperativen, des interreligiösen oder des religionskundlichen Formates für den Modus religiöser Bildung in der Schule),
3. die Ebene der Kommunikation unter den Multiplikatoren religiöser Bildung, nämlich im Sinne eines Gespräches von Religionslehrerinnen und Religionslehrern aus Judentum, Christentum und Islam, und schließlich
4. die Ebene der Theoriebildung und Forschung, die sich im Kontext vergleichender Religionspädagogik der Unterrichts- und Erziehungstradition in den drei Religionen widmen und diese miteinander in Bezug setzen will.

Neben diesen drei religionspädagogischen Großprojekten ist in den vergangenen Jahren zudem eine Reihe von weiteren Initiativen und Bewegungen mit dem Ziel eines Trialogs der abrahamischen Religionen entstanden, wie z. B. das vom Bundesministerium des Innern (BMI) geförderte Projekt *Weißt du, wer ich bin?*, das gemeinsam von der Arbeitsgemeinschaft Christlicher Kirchen in Deutschland (ACK), dem Zentralrat der Juden in Deutschland und von vier muslimischen Verbänden organisiert

59 Ebd.

und durchgeführt wird[60], das Haus der Religionen in Bern[61], das Bet-und Lehrhaus am Petriplatz in Berlin[62] oder die Drei-Religionen-Grundschule Johannisschule in Osnabrück. An dieser Schule in der Trägerschaft der Schulstiftung des Bistums Osnabrück sollen Juden, Christen und Muslime gemeinsam Schule machen, indem dort Kinder aus den drei abrahamischen Religionen

- unterstützt werden, ihren Lebensweg gemäß ihrer Religion im gläubigen Vertrauen auf den alleinigen, den lebendigen und in sich seienden, barmherzigen und allmächtigen Gott zu gestalten;
- ihre eigene, auch religiöse, Identität in der Begegnung mit andersgläubigen Menschen thematisieren können;
- im täglichen gemeinsamen Leben und Lernen eine Haltung der Anerkennung der religiös fremden Mitschülerinnen und -schüler, Eltern sowie Lehrerinnen und Lehrer entwickeln können, sodass damit
- eine altersgemäße Form des interreligiösen Dialogs befördert wird. [63]

Das Schulprofil an der Drei-Religionen-Grundschule zeigt sich entsprechend in einer Lebens- und Lerngemeinschaft,

> »die die religiösen Überzeugungen, Lebensweisen und Riten der drei beteiligten Religionen vielfältig zum Thema macht; religiöses Wissen und religiöse Praxis, respektvolle Begegnung und friedliche Verständigung trotz unterschiedlicher religiöser Überzeugungen sind zentrale Lern- und Er-

60 Vgl. *E. Dieckmann/C. P. Sajak* (Hg.), Weißt Du, wer ich bin? Initiativen und Projekte für das interreligiöse und interkulturelle Lernen, Münster 2014.

61 Vgl. www.haus-der-religionen.ch (abgerufen am 1. März 2019).

62 Vgl. www.house-of-one.org/de (abgerufen am 1. März 2019).

63 Vgl. *W. Verburg*, Juden, Christen und Muslime machen gemeinsam Schule. Ein interreligiös ausgerichtetes Experiment des Bistums Osnabrück, in: Stimmen der Zeit 229 (2011), 3–12.

> ziehungsziele. So sollen Feste der religiösen Jahreskreise in Schulleben und -kultur aufgegriffen werden; die Kinder sollen ihre Religion im eigenen RU besser kennen- und verstehen lernen und zusätzlich über Feste, Projekttage und im alltäglichen Zusammenleben authentisch gelebte Praxis der ihnen fremden Religionen ihrer Mitschülerinnen und -schüler erfahren können.«[64]

Entsprechend soll im jüdischen, christlichen und islamischen Religionsunterricht pro Halbjahr ein Thema zeitgleich erarbeitet und für die Präsentation vor den Kindern der anderen Religionen vorbereitet werden: »Mögliche Themen sind z. B. Gebet, Gebetsräume, die heiligen Schriften. Auf die Erarbeitung im eigenen RU folgt eine Phase des Dialogs z. B. als Projekttag, wo die Kinder ihre Ergebnisse ihren Mitschülerinnen und -schülern, die nicht ihrer Religion angehören, vorstellen und erklären«[65]. Die gemeinsame Lebens- und Lernzeit außerhalb des Unterrichts soll zudem die Möglichkeit eröffnen, z. B. durch gemeinsame Mahlzeiten mit den Speisevorschriften und -riten der verschiedenen Religionen vertraut zu werden.

Alle diese Initiativen können von den umfangreichen Erfahrungen profitieren, die in den zehn Jahren des Wettbewerbs *Schulen im Trialog* gemacht worden sind. Deshalb sollen diese im Folgenden ausführlich vorgestellt, systematisiert und reflektiert werden.

---

64 *W. Verburg*, Interreligiös Schule machen, in: KatBl 137 (2012), 61–63, hier 62.

65 Ebd.

B. Ergebnisse

4. Schulen im Wettbewerb – eine schulpädagogische Einordnung

4.1 Typen von Wettbewerben in der Schule

Der Wettbewerb *Schulen im Trialog* entstand zu einer Zeit, in der dem Format der Schüler- bzw. Schulwettbewerbe schulpolitisch immer mehr Bedeutung zukommen sollte. Im Jahr 2003 hatte das mittelmäßige Abschneiden der deutschen Schülerinnen und Schüler in der von der OECD (Organisation for Economic Cooperation and Development) verantworteten internationalen Vergleichsstudie PISA (= Programme for International Student Assessment) zum sog. ›PISA-Schock‹, also zur nachhaltigen Irritation der medialen wie politischen Öffentlichkeit, geführt. Es folgte ein Jahrzehnt der Bildungsreformen, in dem sich die bis dahin ideologisch zerstrittenen Parteien in der deutschen Bildungspolitik überraschend schnell auf einen ganzen Katalog von Maßnahmen mit dem Ziel der nachhaltigen Qualitätsverbesserung im föderalen Bildungswesen der Bundesrepublik Deutschland einigen konnten: Einführung von verpflichtenden Abschlussstandards für die Schulabschlüsse in Deutschland, Umstellung des Schulsystems von der Lehrplan- auf die Kompetenzorientierung, Ausbau der frühkindlichen Bildung in der Elementarphase und Einführung der Ganztagsschule, Verkürzung der gymnasialen Schulzeit auf acht Jahre sowie die erste Fremdsprache schon in der Grundschule – um nur die größten kultuspolitischen Projekte zu nennen. Auch die Idee, dass Kinder und Jugendliche im Rahmen von projektbezogenen und schulübergreifenden Wettbewerbsformaten Kompetenzen entwickeln und vor allem zeigen sollten, denen im Schulalltag nur bedingt Raum gegeben werden kann, passt in diese Zeit. So traten in diesen Jahren neben traditionelle Wettbewerbe wie *Jugend forscht* und den *Geschichtswettbewerb des Bundespräsidenten* eine Fülle von neuen Wettbewerbsformaten. Nicht von ungefähr fällt die Gründung des wohl renommiertesten und auch bekanntesten Schulwettbewerbs in das Jahr 2006: In diesem Jahr begann die Robert-Bosch-Stiftung den *Deutschen Schulpreis* auszuloben.[1]

Auch die schulpädagogische Forschung beschäftigt sich seit diesen Jahren intensiver mit der Frage, was in welchen Wettbewerbsformaten wohl gelernt und geleistet werden kann. Eine einschlägige und grundsätzliche Kategorisierung der unterschiedlichen Wettbewerbsformen hat Susanne Strunck vorgelegt.[2] Sie unterscheidet in ihrer Analyse der in der Schule etablierten Wettbewerbe vier Typen: Leistungswettbewerb, Auszeichnungswettbewerb, Best-Practice-Wettbewerb und Förderwettbewerb.

1. Leistungswettbewerb: Diese wohl am stärksten verbreitete Form des Wettbewerbs richtet sich an Schülerinnen und Schüler mit besonders ausgeprägten Fähigkeiten in einer bildungswissenschaftlichen Domäne und lädt zur Lösung herausfordernder Aufgabenstellungen in diesem Fachgebiet ein. Zu den klassischen Leistungswettbewerben zählen u. a. der *Bundeswettbewerb Mathematik*, der *Bundeswettbewerb Fremdsprachen SOLO* und der Bundeswettbewerb *Jugend musiziert.*

1 Vgl. http://schulpreis.bosch-stiftung.de/content/language1/html/53126.asp (abgerufen am 1. März 2019).

2 Vgl. im Folgenden *S. Strunck*, Schulentwicklung durch Wettbewerbe. Prozesse und Wirkungen der Teilnahme an Schulwettbewerben, Wiesbaden 2011, 26 ff.

2. Auszeichnungswettbewerb: Hier werden erfolgreiche Projekte und Initiativen von Schulen prämiert, die unabhängig von einer konkreten Wettbewerbsausschreibung erstellt wurden, z. B. die Prämierung einer durch ihren ›Schmetterlingsfreundlichen Schulgarten‹ ausgezeichneten Schule durch den NABU (Naturschutzbund Deutschland).

3. Best-Practice-Wettbewerb: In diesem Wettbewerbsformat werden besonders exzellente Leistungen von Schülern, aber auch von Schulen ausgezeichnet und öffentlich gemacht, damit diese Schülerinnen und Schüler, aber auch Schulen als Anregung, Beispiel oder Vorbild dienen können. In diese besonders in den Medien beachtete Gattung fallen z. B. die Wettbewerbe *Starke Schule* oder der *Deutsche Schulpreis*.

4. Förderwettbewerb: In diesem Format liegt der Fokus schließlich auf einer mehrdimensionalen Qualitäts- bzw. Schulentwicklung. Schulen werden hier aufgefordert, innerhalb eines Wettbewerbszeitraums Projekte und Konzepte zu entwickeln und zu verwirklichen, die der Förderung nicht nur einzelner Schülerinnen und Schüler, sondern der gesamten Schule dienen sollen, z. B. *Denkwerk* der Robert-Bosch-Stiftung.

Der Schulenwettbewerb *Schulen im Trialog* ist definitiv kein Leistungs- und kein Auszeichnungswettbewerb, auch wenn am Ende bestimmte Schulen prämiert wurden. Weil die Herbert Quandt-Stiftung dezidiert ein eigenes, neues Konzept und seine Umsetzung für den *Trialog der Kulturen* verlangte, enthält das Format durchaus Elemente eines Best Practice-Wettbewerbs. Weil aber dieses Konzept nur zur Bewerbung eingereicht werden musste, es selber dann aber mit Fördermitteln der Stiftung innerhalb eines Schuljahrs realisiert werden sollte, kann man hier ohne Frage von einem Förderwettbewerb sprechen.

4.2 Kriterien von Wettbewerben in der Schule

Angesichts der Vielzahl von Wettbewerben – eine Zählung auf den Homepages der Kultusbehörden der Bundesländer im Jahre 2018 ergab ca. 120 Wettbewerbe in und für Schulen in der Bundesrepublik Deutschland, der Deutsche Bildungsserver weist über 800 Wettbewerbe »für Schüler, Studenten und Auszubildende, aber auch für Wissenschaftler, die Wirtschaft und andere Zielgruppen [...] mit Bildungsbezug«[3] aus – ist ein Kriterienkatalog zwingend notwendig, der Lehrerinnen und Lehrern, aber auch Schulleitungen sowie Schülerinnen und Schülern als Leitfaden dienen kann, wenn es um die Frage der Qualitätsstandards von Wettbewerben geht. Die Kultusministerkonferenz (KMK) fasste deshalb am 17. September 2009 einen Beschluss zu *Qualitätskriterien für Schülerwettbewerbe*[4] und berücksichtigte bei dieser Aufstellung von grundlegenden Kriterien für bundesweit durchgeführte Wettbewerbe fünf Kategorien: Zielsetzung, Teilnahme, Information, Durchführung/Trägerschaft und Bewertung.

Bereits vor diesem Beschluss wurden von erziehungswissenschaftlicher Seite Qualitätsstandards für Schüler- und Schulwettbewerbe gefordert.[5] Fauser, Prenzel und Schratz formulieren in diesem Zusammenhang drei grundlegende Erfahrungen, die zum Lernen anregen: Kompetenzerleben, Autonomieerleben und Eingebundenheit.[6] Besonders Förderwettbewerbe sollten entsprechend in der Lage sein, diese drei Kriterien zu erfüllen, denn sie werden häufig in Form von Projekten mit mehreren Schülerinnen und Schülern oder Schü-

---

3 Vgl. http://www.bildungsserver.de/wettbewerbe.html (abgerufen am 1. März 2019).

4 *Kultusministerkonferenz* (Hrsg.), Qualitätskriterien für Schülerwettbewerbe 17.09.2009, http://www.kmk.org/fileadmin/Dateien/veroeffentlichungen_beschluesse/2009/2009_09_17-Schuelerwettbewerbe.pdf (abgerufen am 1. März 2019).

5 Vgl. *W. Beutel/A. Kemmann/S. Tetzlaff*, Schülerwettbewerbe auf dem Prüfstand, in: Fauser, P./Messner, R. (Hg.), Fordern und Fördern. Was Schülerwettbewerbe leisten, Hamburg 2007, 206–220, hier 207.

6 Vgl. *P. Fauser/M. Prenzel/M. Schratz*, Was für Schulen! Profile, Konzepte und Dynamik guter Schulen in Deutschland, Seelze-Velber 2007, 10.

lergruppen durchgeführt, sodass die gemeinsame Arbeit sowie die Verantwortung für das gemeinsame Projekt das Erleben von Eingebundenheit und Autonomie ermöglichen kann. Da in der Regel am Ende eines Förderwettbewerbs ein bestimmtes Produkt entwickelt worden ist und dieses im Rahmen einer Abschlussveranstaltung schul- oder wettbewerbsintern vorgestellt werden soll, erhalten die Schülerinnen und Schüler hier die Chance, sich als kompetent zu erfahren. Alle drei Dimensionen haben sich ohne Frage im Schulenwettbewerb der Herbert Quandt-Stiftung einholen lassen: In der Regel konnten die Schülerinnen und Schüler im Rahmen des schulischen Gesamtprojekts ihre individuellen Kompetenzen und Interessen nutzen und weiterentwickeln, oft in großer Selbstständigkeit und mit erstaunlicher Kreativität. Vielleicht liegt hier ein Erfolgsgeheimnis des Schulenwettbewerbs zum Trialog, in dem über eine Dekade immerhin insgesamt 206 Schulen mit über 30.000 Schülerinnen und Schülern zur Teilnahme ermutigt, begleitet und prämiert werden konnten. Im Bereich von Religion und Religionsunterricht war der Wettbewerb *Schulen im Trialog* einer von nur vieren insgesamt und der mit Abstand größte, was die Teilnehmerzahl anging.

4.3 Qualitätskriterien im Schulenwettbewerb der Herbert Quandt-Stiftung

Im Folgenden sollen Anlage, Ablauf, Auswahl und Durchführung des Wettbewerbs *Schulen im Trialog* knapp anhand der fünf Kategorien der ›Qualitätskriterien für Schulerwettbewerbe‹ der Kultusministerkonferenz (KMK) vorgestellt werden.

4.3.1 Zielsetzung

Wie in Kapitel 1.1. ausführlich dargestellt, war es das Grundanliegen des Wettbewerbs *Schulen im Trialog*, in den beteiligten Schulen einen Trialog zwischen den drei abrahamischen Religionen und Kulturtraditionen anzuregen, um so Schülerinnen und Schüler auf das große kulturelle Erbe von Judentum, Christentum und Islam aufmerksam zu machen und zugleich zu einem respektvollen und wertschätzenden Umgang mit Menschen anderer Kulturen und Religionen anzuleiten.

4.3.2 Teilnahme

Am Wettbewerb teilnehmen konnten alle Schulen – unabhängig vom Schultyp und Bildungsgang – der Bundesländer, mit denen die Herbert Quandt-Stiftung eine Kooperationsvereinbarung geschlossen und später auch eine finanzielle Beteiligung ausgehandelt hatte. Dies waren von 2005 bis 2015 das Bundesland Hessen, in dem auch der damalige Sitz der Herbert Quandt-Stiftung, nämlich Bad Homburg v. d. Höhe lag, von 2006 bis 2010 Berlin und ab 2010 zusätzlich Bremen, Hamburg, Rheinland-Pfalz und das Saarland. Außerdem nahmen in der ersten Runde im Schuljahr 2005/6 auch Schulen aus Baden-Württemberg, Nordrhein-Westfalen und Thüringen am Wettbewerb teil. Voraussetzung für die Teilnahme waren die positive Bewertung eines Projektantrags der Schule und die Befürwortung der Aufnahme in die nächste Förderrunde durch die Wettbewerbs-Jury.

4.3.3 Information

Die Einladung zur Teilnahme am Schulenwettbewerb *Schulen im Trialog* erfolgte im Laufe des ersten Halbjahres des vorausgehenden Schuljahrs, also jeweils im Herbst, über die Dienstpost der Schulverwaltung des beteiligten Bundeslandes. Alle Schulen des jeweiligen Bundeslandes erhielten einen Flyer, der das Wettbewerbsthema und die Modalitäten für Bewerbung und Teilnahme im kommenden Schuljahr ausführlich erläuterte. Von 2007 an standen die Wettbewerbsrunden unter spezifischen Themenstellungen, die mit dem Schulprojekt zu bearbeiten waren. Sie lauteten:

- Schuljahr 2007/08 – Was glaubst du denn?
- Schuljahr 2008/09 – Schalom – Frieden – Salam?! Friedens- und Konfliktpotenziale in Judentum, Christentum und Islam
- Schuljahr 2009/10 – Aufwachsen – Erwachsen. Kindheit und Jugend in Christentum, Judentum und Islam heute
- Schuljahr 2010/11 – Fremde – Heimat – globale Welt
- Schuljahr 2011/12 – Meine, deine, unsere Welt – wie gestalten wir die Zukunft?
- Schuljahr 2012/13 – Mensch, Kreatur, Natur – was sagen Judentum, Christentum und Islam?
- Schuljahr 2013/14 – Wurzeln erinnern – Zukunft gestalten. Sprachen, Kulturen, Religionen in Deutschland
- Schuljahr 2014/15 – Trialog vor Ort – Schulen werden aktiv

Den Schulen wurde bis zum 30. April im kommenden Jahr Zeit gegeben, sich mithilfe eines Antragsformulars und eines ausführlichen Exposés bei der Stiftung zu bewerben. Über die Bewerbung der Schule entschied dann im Mai eine 12-köpfige Jury, die aus Vertretern der drei abrahamischen Religionen, der religionswissenschaftlichen, theologischen wie pädagogischen Wissenschaft und der Schulverwaltungen aus den beteiligten Bundesländern bestand. Mit der Zulassung zum Wettbewerb im kommenden Schuljahr erhielten die Schulen dann das Startgeld von 3.500 Euro, um ihr Projekt im Laufe des Schuljahrs zu realisieren.

4.3.4 Durchführung

Für die Realisierung des Projekts stand nun das ganze neue Schuljahr zur Verfügung. Die Schulen wurden dabei von einem Länderreferenten der Stiftung betreut und begleitet. Zu Beginn des 2. Schulhalbjahrs fand in der jeweiligen Landeshauptstadt ein sog. ›Markt der Möglichkeiten‹ statt, auf dem die Schulen ihr Projekt einer größeren Öffentlichkeit und Vertretern der Stiftung und der Schulverwaltung vorstellen konnten. Dabei konnten sich die Lehrerinnen und Lehrer wie auch die Schülerinnen und Schüler bei Problemen und Schwierigkeiten, aber auch über Chancen und Entwicklungsmöglichkeiten persönlich beraten lassen. Am Ende des Schuljahres reichten die Schulen einen Abschlussbericht ein, der ebenfalls – diesmal mit Blick auf die Preisverleihung – von der Jury bewertet wurde. Die Preisträger, in der Regel ein dritter bis erster Platz pro Bundesland bzw. Ländergruppe, wurden dann im Rahmen einer feierlichen Preisverleihung in der Schlosskirche in Bad Homburg der Öffentlichkeit vorgestellt und geehrt.

4.3.5 Bewertung

Folgende Bewertungskriterien wurden in den ersten fünf Jahren für die finale Entscheidung herangezogen:

1) Inhaltliche Ausrichtung – pädagogisches Konzept
2) Didaktisch-methodische Ansätze
3) Verbindung: Projekt- und Schulalltag sowie Entwicklung im Schuljahr
4) Reichweite: Verknüpfung mit Gesamtkollegium, Fächern, Klassen, Umfang, Notengebung
5) Beteiligung von Lehramtsanwärtern/Elemente der Lehrerfortbildung
6) Kooperation mit außerschulischen Institutionen
7) Elterneinbezug
8) Wirkung/Nachhaltigkeit
9) Projektmanagement/Projektdokumentation
10) Öffentlichkeitsarbeit
11) Verhältnis Exposé zu Abschlussbericht – selbstkritische Einschätzung
12) Gesamteindruck (inklusive Schulbesuche)[7]

---

7 Vgl. *R. Löffler*, Kultureller Pluralismus in europäischen Curricula?, 82.

Später wurden die Kriterien auch unter Rückgriff auf das inzwischen entwickelte Modell der Standards für das Trialogische Lernen[8] zu einem etwas komplexeren Merkmalmodell verdichtet.

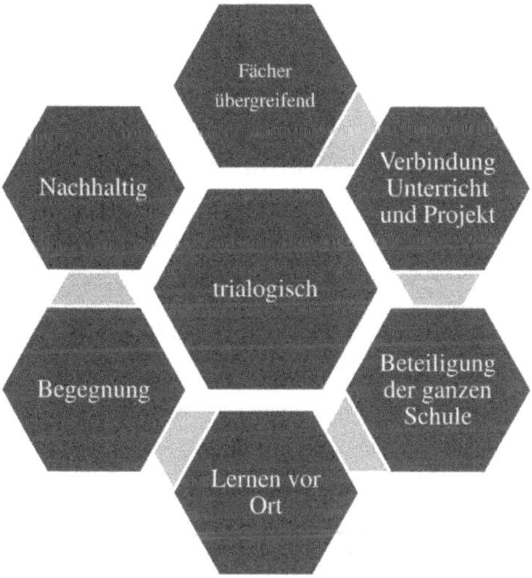

Abbildung 2: Standards für die Projekte aus Schwarz-Boenneke, Monokulturelle Verfasstheit und interkulturelle Wirklichkeit, 7.

5. Schulen im Trialog – eine quantitative Auswertung

5.1 Grundsätzliches

Gymnasien und Förderschulen, Jahrgangsstufen 5 und 13, Religionslehre, Deutsch und Naturwissenschaften, kirchliche und politische Vertreter, religiöse und kulturelle Themen, christliche und

8 Vgl. *C. P. Sajak/A. Muth*, Standards für das trialogische Lernen, 25-37.

muslimische Schülerinnen und Schüler – diese Kontraste deuten nur an, welche Vielfalt sich innerhalb des Schulenwettbewerbs der Herbert Quandt-Stiftung finden lässt. Innerhalb von zehn Wettbewerbsjahren hat sich eine Vielzahl an Schulen mit unterschiedlichsten Projekten am *Trialog der Kulturen* beteiligt, wobei kein Projekt dem anderen gleicht und auch bei ähnlichen Themen oder Herangehensweisen immer unterschiedliche Akzente gesetzt wurden.

Jedes dieser Projekte wurde durch einen Abschlussbericht dokumentiert und so der Jury präsentiert. Dementsprechend liegen nun nach Beendigung des Schulenwettbewerbs Hunderte von Berichten vor, in denen ein weites Spektrum interkultureller und interreligiöser Lernprozesse deutlich wird. In diesem Kapitel werden deshalb sämtliche Materialien zum Schulenwettbewerb, die im Archiv der Herbert Quandt-Stiftung von 2005 bis 2015 gesammelt und aufgehoben worden sind, unter verschiedenen Aspekten ausgewertet:

- Welche Schulformen waren an dem Wettbewerb beteiligt?
- Aus welchen Bundesländern haben wie viele Schulen teilgenommen?
- Wer sind die Kooperationspartner in den Projekten gewesen?
- Welche Themen wurden behandelt?
- Welche Projekte wurden positiv beurteilt?

Um diese und viele weitere Fragen soll es im folgenden Kapitel nun gehen. Zu diesem Zweck soll zunächst eine rein statistische Auswertung der Abschlussberichte einen Überblick über die beteiligten Personen geben.

Daraus folgt eine religionsdidaktische Auswertung, die den Umfang und die inhaltliche Ausgestaltung der Projekte aufzeigt, bevor abschließend eine erfolgsbezogene Auswertung noch einmal die Siegerschulen und die Qualität ihrer Projekte genauer in den Blick nehmen will.

5.2 Die statistische Auswertung des vorliegenden Materials

In diesem Kapitel geht es nun um die Frage, wer alles an den Projekten im Rahmen des *Trialogs der Kulturen* beteiligt war. Der Begriff ›Schulenwettbewerb‹ lässt dabei direkt schon auf alle mit der Schule in Verbindung stehenden Personen schließen. Und genau darum soll es bei der Darstellung der schulstatistischen Daten auch zunächst gehen: Wie viele Schulen haben an dem Wettbewerb teilgenommen und wie verteilen sich diese auf die verschiedenen Schultypen? Welche Anzahl an Schülerinnen und Schülern und Lehrerinnen und Lehrern war beteiligt? Anschließend wird dann noch auf die in den Projekten beteiligten Fächer eingegangen, welches die Beteiligung der entsprechenden Fachkolleginnen und -kollegen einschließt. Neben diesen Personen, die alle im System Schule eingebunden sind, waren aber auch noch eine Vielzahl externer Partner an den unterschiedlichen Projekten beteiligt. Deshalb soll zum Abschluss ein Blick auf diese eingebundenen Partner noch einmal den großen Umfang der Projekte verdeutlichen.

5.2.1 Schulstatistische Daten

Hinsichtlich der Schulstatistik sind im Rahmen des Schulenwettbewerbs vor allem die Zahlen bezüglich der beteiligten Schulen sowie der verschiedenen Schultypen interessant. Auch die Anzahl der beteiligten Schülerinnen und Schüler und Lehrerinnen und Lehrer konnte so herausgearbeitet werden.

Insgesamt haben 206 Schulen am *Trialog der Kulturen* teilgenommen, wobei mehrfache Teilnahmen an dieser Stelle nicht beachtet wurden (insgesamt gab es 35 Schulen mit mehrfacher Teilnahme). Die Anzahl der Schulen in den einzelnen Runden wird in der nachfolgenden Tabelle dargestellt – diese soll direkt zu Beginn auch einen Überblick darüber geben, welche Bundesländer in den jeweiligen Runden eingeschlossen waren:

Runde	Anzahl der Schulen	Gesamt
1. Runde (2005/06)	Baden-Württemberg: 2 Hessen: 19 Nordrhein-Westfalen: 1 Thüringen: 1	23
2. Runde (2006/07)	Berlin: 10 (dabei 1 Kooperation) Baden-Württemberg: 1 Hessen: 5	16
3. Runde (2007/08)	Berlin: 8 (dabei 1 Kooperation) Hessen: 7	15
4. Runde (2008/09)	Berlin: 8 (dabei 1 Kooperation) Brandenburg: 1 Hessen: 6	15
5. Runde (2009/10)	Berlin: 12 Hessen: 8	20
6. Runde (2010/11)	Hessen: 10 Rheinland-Pfalz: 8 Saarland: 6	24
7. Runde (2011/12)	Hessen: 9 Rheinland-Pfalz: 8 Saarland: 4	21
8. Runde (2012/13)	Bremen: 5 Hessen: 7 Hamburg: 3 Rheinland-Pfalz: 5 Saarland: 1	21
9. Runde (2013/14)	Bremen: 4 Hessen: 7 Hamburg: 7 (dabei 1 Kooperation) Rheinland-Pfalz: 4 Saarland: 4	26
10. Runde (2014/15)	Bremen: 3 Hessen: 12 (dabei 1 Kooperation) Hamburg: 4 (dabei 1 Kooperation) Rheinland-Pfalz: 2 Saarland: 4	25
Gesamt		206

Abbildung 3: Anzahl der beteiligten Schulen in den verschiedenen Bundesländern in den Schuljahresrunden

Abweichend davon haben jedoch nur 188 Schulen einen Abschlussbericht zu ihrem durchgeführten Projekt eingereicht; 3 Schulen der 1. Runde reichten nur einen Zwischenbericht ein und 8 Schulen (5 Schulen der 5. Runde sowie 3 Schulen der 9. Runde) gaben gar keinen Bericht ab.

Interessant ist nun der Blick auf die verschiedenen Schultypen, die sich im Rahmen des Wettbewerbs beteiligten. Hierbei lässt sich folgende Verteilung festhalten:

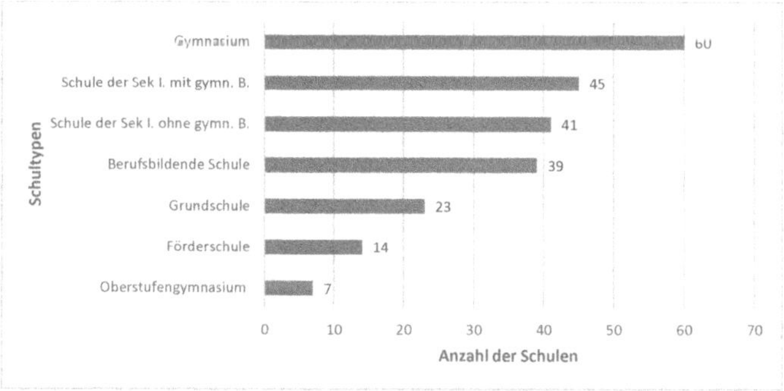

Abbildung 4: Anzahl der unterschiedlichen Schultypen, die sich am Wettbewerb beteiligten

An dieser Stelle muss direkt erwähnt werden, dass einzelne Schulen mehreren Schultypen zugeordnet werden konnten, weshalb die Anzahl der Schulen an dieser Stelle von der Gesamtanzahl der beteiligten Schulen abweicht. Interessant ist hier vor allem die hohe Beteiligung von Gymnasien, da an diesen vermutlich in der Regel die geringste interkulturelle und interreligiöse Vielfalt innerhalb der Schülerschaft zu finden ist.

Mit Blick auf die beteiligten Schülerinnen und Schüler und Lehrerinnen und Lehrer gestaltet sich die Darstellung konkreter Zahlen allerdings nun etwas schwieriger. In den Abschlussberichten der Schulen lassen sich meist nur wenige Angaben zu eingebundenen Schülerinnen und Schülern und Lehrerinnen und

Lehrern finden – häufig machen sie diesbezüglich nur ungenaue, d.h. nur für Einzelprojekte, oder sogar gar keine Aussagen. Insgesamt lässt sich – zusammen mit den ungenauen Angaben – jedoch eine Schüleranzahl von 30.116 Schülerinnen und Schülern nennen. Dabei sind vor allem die beiden letzten Wettbewerbsrunden (2013–2015) auffallend, in denen jeweils über 6000 Schülerinnen und Schüler in die Projekte eingebunden waren – zuvor sind Zahlen zwischen 2000 und 3000 Schülerinnen und Schüler bekannt (mit Ausnahme von Runde 1 und 4, in denen nur 1500 bis 2000 beteiligte Schülerinnen und Schüler involviert waren).

Bei den beteiligten Unterrichtenden ist eine Anzahl von 948 Lehrerinnen und Lehrern und 45 Lehramtsanwärterinnen und -anwärtern bekannt. Auch hier sind in der letzten Runde (2014/2015) die meisten Lehrerinnen und Lehrer beteiligt, wobei der Unterschied zu den vorherigen Runden jedoch keineswegs so gravierend ist wie der zuvor aufgeführte bei den Schülerinnen und Schülern. Hinzu kommen hierbei auch noch weitere Aufsichtspersonen wie Schulpfarrerinnen und -pfarrer, Schulseelsorgerinnen, Praktikanten, Referentinnen, Sozialarbeiter usw., die an dieser Stelle nicht mitgezählt wurden. Aus welchen unterschiedlichen Fachbereichen die Lehrkräfte kommen, wird im folgenden Kapitel deutlich.

5.2.2 Beteiligte Fächer

Bei der Auswertung der verschiedenen Fächer, die im Rahmen der vielen Jahresprojekte eingebunden waren, ergab sich eine recht lange Liste. Dabei lassen sich folgende Bereiche erkennen:

- Religion und Ethik
- Sprachen
- Gesellschaftslehre und Wirtschaft
- Literatur und Theater

- Kunst und Werken
- Musik
- Naturwissenschaften
- AGs

Darunter finden sich jeweils auch mehrere (›spezielle‹) Fächer, welche nur in vereinzelten Projekten vorkommen – auf diese soll an dieser Stelle nicht weiter eingegangen werden. Besonders häufig beteiligte Fächer werden in der folgenden Abbildung aufgeführt:

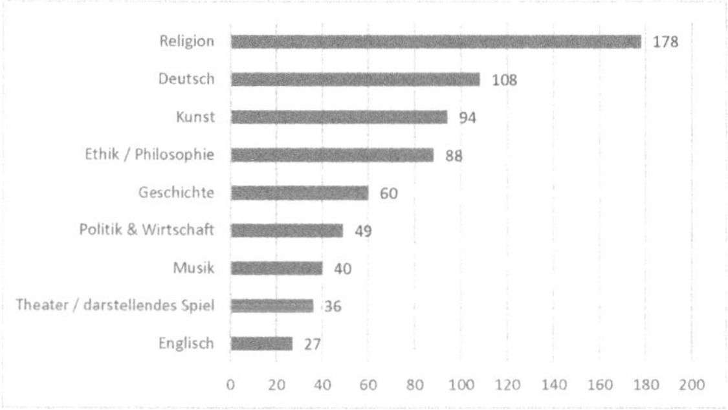

Abbildung 5: Häufig beteiligte Fächer im Rahmen der Projekte

Das Fach Religion muss hierbei noch differenziert werden in katholischen (35), evangelischen (34) und islamischen (4) Religionsunterricht; 105 Mal wurde keine Angabe gemacht, um welche Religion bzw. Konfession es sich genau handelt.

Zudem ergibt sich durch die Beteiligung verschiedener Bundesländer, dass an sich inhaltlich gleiche Fächer unterschiedliche Bezeichnungen haben. So fallen unter das Fach Politik & Wirtschaft beispielsweise auch Politik- und Wirtschaftswissenschaften, Politische Weltkunde, Wirtschafts- und Sozialkunde, Wirtschaft und Verwaltung und BWL; zum Fach Kunst lassen sich noch Fächer wie Bildende Kunst, Gestaltung, Grafik & Design sowie Farbgestaltung hinzuzählen.

5.2.3 Externe Projektpartner

Im Rahmen der Jahresprojekte hatten die Schulen zudem die Möglichkeit, verschiedene externe Partner als Experten einzubinden – was ja durchaus erwünscht war. Blickt man noch einmal auf die große Anzahl beteiligter Schulen, die dann jeweils mehrere externe Partner eingebunden haben, bekommt man eine erste Vorstellung, was für eine Vielfalt an Institutionen die Auswertung zutage gefördert hat. Eine Gesamtanzahl aller externen Partner würde an dieser Stelle wenig Auskunft geben. Deshalb sind die Institutionen hier in verschiedene Kategorien eingeteilt worden (mehrfache Einbindungen wurden bei den angegebenen Zahlen mitgezählt):

Gemeinden (insg. 555):
In den allermeisten Projekten haben die Schulen Gemeinden der drei Religionen eingebunden bzw. ihre Gotteshäuser (Synagoge, Moschee, Kirche) besucht. Hierbei konnten 153 jüdische, 177 muslimische und 225 christliche (evangelisch, katholisch, orthodox, koptisch und neuapostolisch) Gemeinden – meist im Zusammenhang mit Vertreterinnen oder Mitarbeitern – gezählt werden. Auch eingebundene Geistliche wurden in diesem Bereich gezählt, wobei sich folgende Zahlen ergaben: 12 Rabbiner, 26 Imame und 75 Pfarrerinnen und Pfarrer. Je nach Wettbewerbsthema wurden auch jüdische (26), christliche (13) und muslimische (1) Friedhöfe besucht.

Religionsvertreter (insg. 145):
Dieser Bereich der externen Partner gestaltet sich mit am vielfältigsten. Neben Bistümern, Dekanaten, Pfarrämtern, Theologinnen und Theologen, Wissenschaftlerinnen und Wissenschaftlern wurden hier auch Pastoral- und Gemeindereferentinnen, Religions- und Gemeindepädagogen, Seelsorgerinnen und Hilfswerke (13) zusammengefasst. Auch Vertreter des Islam (12) und des Judentums (7) konnten identifiziert werden. Zudem lässt sich noch eine größere Zahl von Personen finden, die im interreligiösen oder

ökumenischen Bereich (29) tätig sind, sowie einige Religionspädagogische Arbeits- und Medienstellen (5).

Arbeitskreise (insg. 66):
Häufig eingebunden waren vor allem christlich-muslimische Arbeitskreise (13) und christlich-jüdische Gesellschaften (17). Doch auch Arbeitsgemeinschaften zum Judentum, zur Asylthematik, zu Interreligiosität, zu Kinder- und Jugendarbeit oder zur Flüchtlingsbetreuung lassen sich unter den Arbeitskreisen finden.

Zentren/Foren (insg. 54):
Hier lassen sich neben verschiedenen Kulturzentren (11) vor allem auch religionspädagogische Zentren (9) und verschiedene Zentren aus dem religiösen Bereich (14) finden – bspw. buddhistische Zentren (2), das *Centrum Judaicum* (5) oder Zentren für Ökumene (2). Weitere eingebundene Zentren und Foren gehören in die Bereiche Pädagogik, Bildung sowie Information und Kommunikation.

Museen (insg. 143):
Im Bereich der Museen ist vor allem die Einbindung eines Jüdischen Museums in 52 Projekte hervorzuheben. Zudem wurden auch 26 Konzentrationslager bzw. Holocaust-Gedenkstätten besucht. Ferner waren Bibelmuseen (6) und Museen mit historisch-geschichtlicher (8) oder heimatkundlicher Ausrichtung (10) in die Projekte eingebunden – um nur einige der vielen Bereiche anzusprechen.

Klöster (insg. 23):
Hier stechen vor allem das Weltkloster Radolfzell sowie die Benediktinerabtei St. Matthias Trier mit jeweils dreimaliger Einbindung hervor.

Bibliotheken (insg. 21):
Elf Mal kooperierten Schulen mit einer Stadtbibliothek bzw. -bücherei. Doch auch zwei Universitätsbibliotheken, die Nationalbib-

liothek Frankfurt, die Landesbibliothek Speyer, die Bibliothek des Bistums Speyer oder die Bibliothek des Landeskirchenrates der ev. Kirche der Pfalz – um einzelne Kooperationen zu nennen – wurden eingebunden.

Stadtvertreter und politische Partner (insg. 174):
Dieser Bereich gestaltet sich wieder sehr vielfältig und bezieht sich sowohl auf die Bundesebene (Bundeszentrale für politische Bildung [3], Bundesagentur für Arbeit [2], Bundestagsabgeordnete, etc.), als auch auf die Länder- (Landeszentrale für politische Bildung [6], Landtagsabgeordnete [2], Landrat [5], Landesarchiv [3], etc.) und Städteebene (Bürgermeister [24], Stadtverwaltung und Vertreter der Stadt [2], Stadtarchiv [5], Stadtteilbüro [3], etc.). Doch auch verschiedene Ministerien, Politiker, Ämter oder Beauftrage (z.B. Integrationsbeauftragte [11]) wurden in verschiedene Projekte einbezogen.

Vertreter aus dem schulischen Bereich (insg. 20):
Neben dem Schulamt (3) und Ämtern für Lehrerbildung (2) sind hier vor allem die verschiedenen Landesinstitute für Schulentwicklung und Schulqualität der verschiedenen Bundesländer (Nordrhein-Westfalen, Hamburg, Bremen und Berlin) zu erwähnen.

Bildungseinrichtungen (insg. 137):
Zu den Bildungseinrichtungen zählen vor allem Universitäten, die 59 Mal mit verschiedenen Instituten/Lehrstühlen in Projekte eingebunden waren. Doch auch (Fach)Hochschulen (7), Studienseminare (12), Musikschulen (10), Kindergärten (15) oder andere kooperierende Schulen fallen unter diesen Bereich.

Bildungsinstitute, Bildungshäuser, Fortbildungen (insg. 85):
Auch verschiedenste Institute (z. B. für Geschichte, Integration oder Pädagogik), mit denen Schulen während ihrer Projekte kooperierten, konnten ausgemacht werden. Hinzu kommen

verschiedene Bildungshäuser und Bildungsstätten – meist in religiöser Trägerschaft – sowie verschiedene Akademien (bspw. Europäische Akademie oder Akademie der Weltreligionen).

Jugendarbeit (insg. 48):
Jugendzentren (17) und -werke (5) sowie verschiedene Einrichtungen und Organisationen, die sich mit der Jugendarbeit, -förderung oder -hilfe beschäftigen, wurden unter dieser Kategorie zusammengefasst.

Bildungs- und Begegnungsstätten (insg. 35):
In diesem Bereich ist vor allem die Anne-Frank-Begegnungs- bzw. Bildungsstätte in Amsterdam mit 12 Besuchen zu nennen. Hinzu kommen verschiedene Jugendbegegnungsstätten (6), aber auch sogenannte Mehrgenerationen-, Gemeinschafts- und Begegnungshäuser.

Zeitzeugen und Gesprächspartner (insg. 92):
Neben Zeitzeugen (16) wurden hier Gesprächspartner (Christentum: 10, Judentum: 18, Islam: 20) und Experten (Christentum: 2, Judentum: 6, Islam: 15) aus den drei Religionen aufgeführt. Doch auch Flüchtlinge und Interviewpartner mit Migrationshintergrund, die in Projekten beteiligt waren, zählen zu diesem Bereich.

Interkulturelles (insg. 34):
Alle externen Partner, die ihren Schwerpunkt innerhalb der interkulturellen Arbeit haben, wurden in diesem Bereich zusammengefasst. Zu nennen sind dabei vor allem der Interkulturelle Rat mit fünfmaliger und die Werkstatt der Kulturen mit sechsmaliger Einbindung.

Kunst und Kulturelles (insg. 192):
In diesem Abschnitt wurden u. a. die Bereiche Literatur (36 Schriftstellerinnen und Autoren), Kunst (36 Künstlerinnen bzw. Künst-

ler und 12 Galerien/Werkstätten), Tanz (10), Theater (42 Theater bzw. Schauspielhäuser, 10 Theaterpädagoginnen und 9 Schauspieler) und Musik (23) gebündelt.

Stiftungen (insg. 29):
Neben verschiedenen parteinahen Stiftungen (Konrad-Adenauer-Stiftung, Friedrich-Ebert-Stiftung, Friedrich-Naumann-Stiftung etc.) fällt vor allem die Stiftung Weltethos mit fünfmaliger Einbindung auf. Die weiteren eingebundenen Stiftungen haben unterschiedliche Schwerpunkte und zeigen keine verbindende Linie auf.

Vereine (insg. 107):
Innerhalb der externen Partner zeigt sich im Bereich der Vereine die größte Vielfalt: Neben kulturellen und religiösen Vereinen lassen sich hier vor allem auch gemeinnützige Vereine finden – doch auch viele andere Arbeitsschwerpunkte sind erkennbar. Eine detaillierte Beschreibung würde an dieser Stelle allerdings zu weit führen.

Berufsfelder, Firmen, Unternehmen (insg. 180):
Unter dieser Kategorie wurden zum einen verschiedene Berufsfelder zusammengefasst, mit denen während der Projekte kooperiert wurde. Dazu zählen u.a. Ärzte (2) und Personen aus dem medizinischen Bereich (5), Bestattungsinstitute bzw. Bestatter (5), Juristen und Rechtsanwälte (2) und die Polizei (6). Doch auch der Bereich der Gastronomie war mit 15 Kooperationen gut vertreten. Zum anderen finden sich hier eingebundene Firmen und Unternehmen, wobei vor allem die Bereiche Grafik und Design (meist Werbeagenturen) (10), Film und Foto (16) und Medien und Journalismus (39) auffallen. Doch auch einzelne Geschäfte, Architekturbüros (5), Druckereien und Verlage (6) und Gewerkschaften zählen hierzu.

Sonstiges (insg. 74):
Dieser letzte Bereich umfasst alle externen Partner, die keiner anderen Kategorie zugeordnet werden konnten. Dazu zählen bspw.

Alten- und Seniorenheime (12), Gastlehrer (3), Sprachwissenschaftlerinnen und -lehrer (4), besondere Veranstaltungen wie Kirchentage, Buchmessen oder Festivals.

Zusammengefasst:
Ein Blick auf die Beteiligung in den verschiedenen Bundesländern macht deutlich, dass die Zahl der Schulen, die am Wettbewerb teilgenommen haben, proportional ziemlich genau der Ländergröße bzw. der Zahl der Schulen im jeweiligen Bundesland entspricht. In diesem Sinne lässt sich sagen, dass die Beteiligung in allen Bundesländern gleichermaßen ausgeprägt war. Unter den unterschiedlichen Schultypen ist das Gymnasium deutlich überrepräsentiert (60 von 206 Schulen), selbst wenn man bedenkt, dass es in allen Bundesländern in der Sekundarstufe I inzwischen die beliebteste Schulform mit der größten Zahl an Schülerinnen und Schülern ist. Dies widerlegt auch das aus bestimmten politischen Lagern immer wieder artikulierte Vorurteil, Gymnasien wären durch ihre leistungsbezogene Auswahl der Schülerinnen und Schüler an sich schon segregierend und würden sich nicht der gesellschaftlichen Aufgabe der Integration und des interkulturellen Lernens stellen. Die geringe Teilnahmebereitschaft von Grundschulen am unteren Ende der Skala fällt leider auch auf (23 von 206 Schulen). Da davon ausgegangen werden kann, dass gerade in dieser einzigen ›Volksschule‹ im Sinne der Schule für alle Kinder interreligiöse Konflikte und interkulturelle Missverständnisse an der Tagesordnung sind, muss gefragt werden, warum sich Kollegien aus diesem Schultyp so wenig beteiligt haben. Es lässt vermuten, dass das Antrags- und Aufnahmeverfahren für diese kleinen Schulen mit einer nur geringen Anzahl von Lehrenden zu aufwendig und komplex gewesen ist.

Dass bei den beteiligten Fächern der Religions- und Ethikunterricht vor Deutsch und Kunst die Tabelle anführt, verwundert dagegen nicht, eher dass Politik und Geschichte als Fächer weiter unten auftauchen. Aber das kann natürlich auch an der geringen Präsenz dieser Fächer in der Stundentafel liegen. Bei den externen Kooperationspartnern liegen dagegen die Gemeinden der drei Religionen weit vor allen anderen Partnern, wobei der zweitplatzierte Partner, die Vertreter der Religionsgemeinschaften, auch oft aus jüdischen, christlichen oder muslimischen Gemeinden kommt (555 vor 145).

5.3 Die religionsdidaktische Auswertung

In einem zweiten Schritt soll eine religionsdidaktische Auswertung nun vor allem die Inhalte der Projekte im Rahmen des Schulenwettbewerbs sowie ihren Umfang genauer in den Blick nehmen.

Wie schon beschrieben, handelt es sich um 199 ganz unterschiedliche Projekte im *Trialog der Kulturen*, in denen eine Vielfalt an Themen behandelt wurde. Um dieses Spektrum zumindest in Ansätzen zu erfassen, werden die Projekte im Folgenden hinsichtlich verschiedener Themenspektren geordnet. Anschließend liegt der Fokus auf dem Umfang der Projekte, wobei die Beteiligung von Klassen bzw. Jahrgangsstufen sowie die Anzahl kooperierender Schulen untersucht worden ist. Sowohl die inhaltliche Dimension als auch der Umfang der Projekte spielen dann eine wichtige Rolle bei der Bestimmung des Verhältnisses von interkulturellen und interreligiösen Lernprozessen.

5.3.1 Die Methodenvielfalt der Projekte

Eine Aufführung aller Inhalte und Themen der vielen Projekte würde an dieser Stelle zu weit führen. Eine Bündelung der Projektthemen in vier große Inhaltsbereiche interreligiösen Lernens (Gotteshäuser, Feste und Feiern, Heilige Schriften und Schöpfung) soll vielmehr im Rahmen der qualitativen Analyse in Kapitel 6 unternommen werden. An dieser Stelle der Auswertung soll es dagegen um die Methoden gehen, die in großer Vielfalt in den Großprojekten mit ihren vielen Einzelprojekten verwendet wurden. Die folgende Tabelle macht die Ergebnisse transparent:

Themenspektrum	Häufigkeit
Exkursionsprojekt (Austausche, Reisen, Museumsbesuche, Pilgern etc.)	109
Ethisches Projekt (Auseinandersetzung mit Moralvorstellungen, Gerechtigkeit etc.)	100
Kunstpädagogisches Projekt	99
Biographisches Projekt (Lebensgeschichten von SuS und Befragten, Erzählcafés, Schreibprojekte etc.)	95
Gotteshausprojekt (Besichtigungen von Gotteshäusern, Gestaltung eines ›Raums der Stille‹ etc.)	88
Theaterpädagogisches Projekt (Theater, Musical etc.)	88
Expertengespräche (u.a. Autorenlesungen oder Podiumsdiskussionen)	81
Jahreskreisprojekt (Beschäftigung mit Festtagen und Feiern, Teilnahme an Gedenktagen)	62
Speise- und Fastenprojekt	60
Literaturprojekt (Lektürearbeit, Poetry Slam, Schreiben von Geschichten, Bücheranschaffungen etc.)	59
Regionalprojekt (Entwicklung eines interkulturellen Stadtführers, Religion & Geschichte vor Ort etc.)	53
SuS als Forscher (Umfragen, Interviews etc.)	50
Audiovisuelles Projekt (Filme, Hörspots etc.)	48
Umweltprojekt	16
Gottesdienstprojekt (Interreligiöses Gebet, multireligiöser Gottesdienst)	16
Heilige Schriften Projekt	14
Kooperationsprojekt (z.B. mit der Universität)	7
Karitatives Projekt (Zusammenarbeit mit Altenheimen)	6
Architekturprojekt (Umbau von Räumlichkeiten, Bau eines Amphitheaters etc.)	6
Sprachförderung und Integration	6
Praktikumsprojekt	3

Abbildung 6: Methodische Großformen und ihre Häufigkeit im Rahmen der Projekte

Dabei wurde zunächst eine grundlegende Frage gestellt: Lag ein Projekt vor, in dem nur ein religions- und kulturkundlicher Unterricht im Modus des ›Learning about Religion‹ durchgeführt wurde, oder ließ sich ein wirklich interreligiöser Unterricht erkennen, in dem sich die Schülerinnen und Schüler über ihren Glauben austauschen konnten, also ein ›Learning from Religion‹?[9] Hier zeigte sich ein eindeutiges Ergebnis: In fast allen Projekten wurden die Schülerinnen und Schüler religions- und kulturkundlich in die verschiedenen Themen eingeführt (insgesamt 197), eine interreligiöse Ausrichtung war jedoch nur in 54 Projekten zu finden. Um die verwendeten Methoden genauer zu erfassen, wurden aus den Berichten verschiedene Themenbereiche und mit ihnen verbundene Lernwege herausgearbeitet. Diese wurden dann methodischen Großformen zugeordnet und ausgezählt. Besonders interessant sind die ersten sieben Methodenkategorien, die in mehr als 80 Projekten zu finden waren. Dort ist vor allem der Aspekt des erfahrungsbasierten Lernens erkennbar: Durch Exkursionen und Gotteshausbesuche, durch darstellerische Auseinandersetzungen mit den Themen in Kunst oder Theater und durch die Beschäftigung mit verschiedensten Biografien konnten sich die Schülerinnen und Schüler die verschiedenen Themen erarbeiten und mit eigenen Erfahrungen verknüpfen.

5.3.2 Umfang der Projekte

Hinsichtlich des Umfangs der Projekte ist zunächst interessant, welche Klassen bzw. Jahrgangsstufen wie häufig beteiligt waren – die Teilnahme einzelner Klassen und Kurse wurde hier der Jahrgangsstufe zugeteilt. Dabei sind natürlich auch die verschiedenen Schultypen zu berücksichtigen, die am Wettbewerb teilnahmen. Einen ersten Überblick soll die folgende Abbildung ermöglichen:

9 Zur Differenzierung von religionskundlichen und religiösen Lernprozessen und den englischen Begrifflichkeiten von ›Learning about Religion‹ und ›Learning from Religion‹ vgl. *C. P. Sajak*, Interreligiöses Lernen (Theologie kompakt), Darmstadt 2018, 90–93.

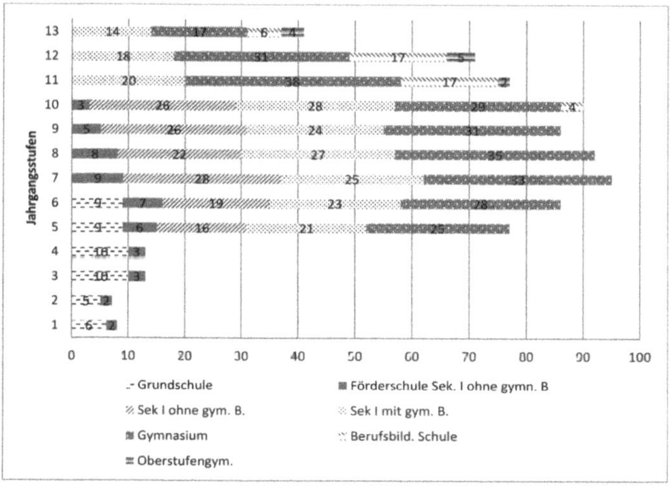

Abbildung 7: Häufigkeit der beteiligten Jahrgangsstufen unterteilt mit Blick auf die Schulform (jahrgangsübergreifende Teilnahmen sowie AGs, Wahlpflichtkurse etc. wurden bei der Zählung nicht beachtet)

Auffallend ist hier vor allem die hohe Beteiligung der Jahrgänge der Sekundarstufe I – am häufigsten sind die Jahrgangsstufen sieben (95), acht (92) und zehn (90) vertreten. Dies hängt allerdings auch mit der großen Teilnahme von Schulen, die diese Jahrgangsstufen umfassen, zusammen. Im Bereich der Oberstufe muss zudem beachtet werden, dass die Zahlen der berufsbildenden Schulen nicht repräsentativ sind, da hier häufig nur die Anzahl der teilnehmenden Klassen aus den verschiedenen Berufs- und Ausbildungsgängen aufgeführt wurde, diese jedoch keiner bestimmten Jahrgangsstufe zugeordnet werden konnten und so nicht mitgezählt wurden.

Neben der Einbindung von externen Partnern hatten die Schulen zudem die Möglichkeit, mit anderen Schulen zu kooperieren – und genau diese Kooperationen sind nun auch für den Umfang der Projekte entscheidend. In 152 Projekten gingen Schulen keine Kooperation ein. Für die Schulen mit einer Kooperation ergab sich folgende Verteilung:

Runde	Anzahl	Umfang	Kooperation mit ...
1. Runde (2005/06)	5	gesamtes Projekt: 0 Einzelprojekte: 5	ausländischen Schulen: 1 Schulen anderer Religionen: 2 anderer Schulform: 3
2. Runde (2006/07)	8	gesamtes Projekt: 1 Einzelprojekte: 7	ausländischen Schulen: 3 Schulen anderer Religionen: 1 anderer Schulform: 2
3. Runde (2007/08)	6	gesamtes Projekt: 1 Einzelprojekte: 5	ausländischen Schulen: 0 Schulen anderer Religionen: 1 anderer Schulform: 3
4. Runde (2008/09)	4	gesamtes Projekt: 1 Einzelprojekte: 3	ausländischen Schulen: 1 Schulen anderer Religionen: 1 anderer Schulform: 2
5. Runde (2009/10)	7	gesamtes Projekt: 0 Einzelprojekte: 7	ausländischen Schulen: 1 Schulen anderer Religionen: 2 anderer Schulform: 5
6. Runde (2010/11)	2	gesamtes Projekt: 0 Einzelprojekte: 2	ausländischen Schulen: 0 Schulen anderer Religionen: 0 anderer Schulform: 0
7. Runde (2011/12)	2	gesamtes Projekt: 0 Einzelprojekte: 2	ausländischen Schulen: 0 Schulen anderer Religionen: 2 anderer Schulform: 2
8. Runde (2012/13)	1	gesamtes Projekt: 0 Einzelprojekte: 1	ausländischen Schulen: 1 Schulen anderer Religionen: 0 anderer Schulform: 0
9. Runde (2013/14)	6	gesamtes Projekt: 1 Einzelprojekte: 5	ausländischen Schulen: 4 Schulen anderer Religionen: 0 anderer Schulform: 0
10. Runde (2014/15)	7	gesamtes Projekt: 2 Einzelprojekte: 5	ausländischen Schulen: 0 Schulen anderer Religionen: 2 anderer Schulform: 5
Gesamt	48	gesamtes Projekt: 6 Einzelprojekte: 42	ausländischen Schulen: 11 Schulen anderer Religionen: 11 anderer Schulform: 22

Abbildung 8: Kooperierende Schulen

Mehrfache Teilnahmen wurden an dieser Stelle nicht berücksichtigt. Weiter gilt es zu bedenken, dass Kooperationen mit ausländischen Schulen sehr wahrscheinlich auch zu Kooperationen mit Schulen anderer Religionen gezählt werden können – dies konnte aber nicht überall rekonstruiert werden und wurde deshalb hier nicht berücksichtigt.

Auffallend ist hier vor allem die hohe Zahl an Kooperationen, die nur für Einzelprojekte eingegangen wurden – diese stellten 88 % aller Kooperationen dar. Folglich kamen nur Schülerinnen und Schüler, die an diesen speziellen Projekten beteiligt waren, in den Genuss einer Kooperation. Thematisch ging es dabei meist um die Begegnung mit muslimischen oder jüdischen Schülerinnen und Schülern und deren Religion (bspw. durch Teilnahme an Festen), um eine Zusammenarbeit mit Partnerschulen oder Austausche, damit die Schülerinnen und Schüler mit anderen Kulturen in Kontakt kommen konnten, um Diskussionen über bestimmte Themen oder gemeinsame (künstlerische) Arbeiten.

Ausgeglichener ist hingegen die Verteilung von Kooperationen mit ausländischen Schulen bzw. Schulen anderer Religionen, sodass an dieser Stelle auch eine Ausgeglichenheit von interreligiösen und interkulturellen Lernprozessen vermutet werden kann. Vergleicht man die Gesamtsumme von 48 Projekten, in denen eine Kooperation stattfand, mit der Gesamtanzahl von 199 Projekten, dann ist an dieser Stelle jedoch insgesamt ein geringer Umfang erkennbar.

5.3.3 Verhältnis von interkulturellen und interreligiösen Lernprozessen

Entscheidend für eine religionsdidaktische Auswertung ist vor allem der Blick auf das Verhältnis von interkulturellen und interreligiösen Lernprozessen[10]: Setzten sich die Schülerinnen und Schüler

10 Zur Unterscheidung von interkulturellem und interreligiösem Lernen vgl. *C. P. Sajak*, Interreligiöses Lernen, 27f. »Interkulturelles wie interreligiöses Lernen zielen auf eine angstfreie, wertschätzende und reflektierte Auseinandersetzung mit dem Fremden, in der die eigene Identität gestärkt und ein wirklicher Dialog mit dem anderen […] möglich wird. In diesem Lernzielhorizont richtet das interreligiöse Lernen seinen Fokus auf das Feld der Religion, also auf das, was die Bildungsforschung als den Bereich der konstitutiven Rationalität (J. Baumert) bezeichnet, während das interkulturelle Lernen seinen Blick auf das Feld der Kultur mit allen seinen Phänomen richtet […] In diesem Sinne verschränken sich interreligiöses und interkulturelles Lernen, ohne dass das eine dem anderen unter- oder überzuordnen wäre.«

nur mit kulturellen Themen auseinander oder wurde auch das interreligiöse Lernen angestrebt?

Insgesamt gab es 181 Projekte, in denen interkulturelle und interreligiöse Lernprozesse festgestellt werden konnten: Dabei war das Verhältnis der beiden Lernprozesse in 142 Projekten ausgewogen; in 24 Projekten lag der Schwerpunkt auf den interkulturellen Lernprozessen und in 15 Projekten wurden vermehrt interreligiöse Lernprozesse initiiert. Bei neun Projekten konnten lediglich interkulturelle Lernprozesse festgestellt werden und nur in einem Projekt ging es ausschließlich um interreligiöse Lernprozesse. Wie im ersten Kapitel schon erwähnt, fehlen für acht Schulen die Abschlussberichte, sodass in diesen Fällen keine Aussage über die Lernprozesse getroffen werden konnte. Insgesamt wird deutlich, dass der Großteil der Jahresprojekte durch ein ausgeglichenes Verhältnis zwischen interkulturellen und interreligiösen Lernprozessen geprägt war.

Hinsichtlich der interreligiösen Lernprozesse sind dabei vor allem Exkursionen zu den verschiedenen Gotteshäusern sowie die Auseinandersetzung mit den drei Weltreligionen und das Kennenlernen dieser in jeweils 96 Projekten zu nennen – Letzteres wurde auch durch den Vergleich der Religionen in 22 Projekten sowie durch Zusammenarbeit mit dem Jüdischen Museum in 20 Projekten angestrebt.

Dabei spielten ferner die Zusammenarbeit bzw. der Austausch mit Vertreterinnen und Vertretern der Religionen (41) und die Auseinandersetzung mit religiösen Festen und Feiertagen (37) eine zentrale Rolle. Doch auch die Behandlung trialogischer Themen – z. B. biblische Geschichten, Schöpfung, Gebote, Abraham, Gottesverständnis – nahm in 63 Projekten einen großen Stellenwert ein. Einen letzten wichtigen Bereich bildete die Auseinandersetzung mit der eigenen Religion (z. B. den religiösen Wurzeln und dem eigenen Glauben) in 18 Projekten sowie der Austausch und die Begegnung mit anderen Schülerinnen und Schülern in 13 Projekten.

Die Bereiche der interkulturellen Lernprozesse umfassen dann ein deutlich weiteres Spektrum. Zum einen spielte die Behandlung (inter-)kultureller Themen (34) eine zentrale Rolle, welche durch die Auseinandersetzung mit bestimmten kulturellen Faktoren wie Integration und Migration (30), Nationalsozialismus und Judenverfolgung (26), Nahostkonflikt (13) oder Europa (13) ergänzt wurde. Ein weiterer wichtiger Aspekt war der Bereich ›Religion und Kultur‹, d.h. der Einfluss der Religionen auf die Kultur, der Trialog der Kulturen, Sitten und Bräuche und das christliche/muslimische/jüdische Leben in bestimmten Städten, welcher in 41 Projekten behandelt wurde. Weiterführend sind hier auch musikalische Annäherungen an die Thematik (17) und die Beschäftigung mit Kunst in und aus den Religionen (9) zu nennen. Auch die Auseinandersetzungen mit Vorschriften in den Religionen (Kleider- und Speisevorschriften, Frauenrolle, etc.) (25), mit Ansichten der Religionen zu bestimmten Themen (z.B. Menschenrechte, Friedensverständnis) (13) und mit interkulturellen Speisen (39) waren wichtig. Weiter fallen unter die interkulturellen Lernprozesse jedoch auch die Auseinandersetzung mit Werten und ethischen Themen (36) sowie das ›soziale Lernen‹ (28), worunter der Umgang mit Gewalt, der Aufbau von Respekt und der Abbau von Vorurteilen, die Auseinandersetzung mit ›dem Anderen‹ u.v.m. zu zählen sind. Mit Blick auf diesen Bereich waren dann auch eine persönliche Spurensuche und die Auseinandersetzung mit den Themen ›Fremde‹ und ›Heimat‹ (42) entscheidend. Die Anregung zur Thematisierung kultureller Aspekte wurde nicht selten, nämlich in 40 Projekten, durch einen Austausch oder die Begegnung mit verschiedensten Personen (Personen aus Politik und Gesellschaft, Schülerinnen und Schüler anderer Länder und Religionen, Senioren, Interviewpartner, etc.) initiiert. Ferner spielten Literatur- oder Buchprojekte, Lesungen oder Schreibwerkstätten (35) sowie Theaterstücke (15) hierbei eine zentrale Rolle.

Vereinzelt gab es auch Projekte, in denen nicht konkret zwischen interkulturellen oder interreligiösen Lernprozessen unterschieden werden konnte. Dazu zählen Formate, die sowohl religiöse als auch kulturelle Aspekte thematisierten: Theaterprojekte (2), künstlerische Arbeiten (1), Auseinandersetzung mit dem Trialog durch Tanz (1) oder Fotografie (1), audiovisuelle Arbeiten (2), Schreibwerkstätten (2) oder durch die Erarbeitung eines trialogischen Stadtführers (2).

Insgesamt wird also deutlich, dass die rein quantitative Untersuchung von interreligiösen und interkulturellen Lernprozessen auf ein ausgeglichenes Verhältnis dieser beiden wichtigen Aspekte im Rahmen des Schulenwettbewerbs schließen lässt. Schaut man jedoch genauer auf die beiden Bereiche, dann zeigt sich, dass sich die interkulturellen Lernprozesse deutlich vielfältiger gestalteten.

5.3.4 Ausmaß der Einbindung von Mitgliedern der drei abrahamischen Religionen

Zum Abschluss dieses Kapitels soll der Blick noch einmal auf die trialogische Einbindung von Mitgliedern der drei abrahamischen Religionsgemeinschaften gerichtet werden, denn genau diese Personen waren für die Vermittlung interreligiöser und interkultureller Kompetenzen zentral. Dabei kann man zwischen der Einbindung von Schülergruppen – denn auch die Schülerinnen und Schüler waren in der Regel Mitglieder der verschiedenen Religionen – und von externen Partnern unterscheiden.

Hinsichtlich der eingebundenen Schülerinnen und Schüler ergaben sich folgende Zahlen:

- Projekte mit Beteiligung von christlichen, muslimischen und jüdischen Schülerinnen und Schülern: 23
- Projekte mit Beteiligung von christlichen und muslimischen Schülerinnen und Schülern: 48
- Projekte mit Beteiligung von christlichen und jüdischen Schülerinnen und Schülern: 2

- Projekte mit Beteiligung von christlichen Schülerinnen und Schülern: 7
- Projekte mit Beteiligung von christlichen Schülerinnen und Schülern, wobei zu den anderen Schülerinnen und Schülern keine konkreten Angaben vorliegen: 9
- Projekte mit Beteiligung von muslimischen Schülerinnen und Schülern, wobei zu den anderen Schülerinnen und Schülern keine konkreten Angaben vorliegen: 21
- Projekte mit Beteiligung von jüdischen Schülerinnen und Schülern, wobei zu den anderen Schülerinnen und Schülern keine konkreten Angaben vorliegen: 4
- Projekte, bei denen nur von religiös gemischten Gruppen gesprochen wird: 12
- Projekte ohne Angaben zu den Schülergruppen: 73

Diese Angaben beziehen sich auf Schülerinnen und Schüler sowohl an den Projektschulen als auch an kooperierenden (ausländischen) Partnerschulen. Zu beachten ist zudem, dass in den meisten Projekten auch viele konfessionslose Schülerinnen und Schüler eingebunden waren – vor allem bei Projekten, an denen nur christliche oder christliche und muslimische Schülerinnen und Schüler beteiligt waren. Religionen wie bspw. der Hinduismus und der Buddhismus wurden an dieser Stelle nicht beachtet.

Aufgrund der hohen Anzahl von Projekten ohne Angaben zur Schülergruppe und zusätzlich 46 Projekten, in denen nur vereinzelte Auskünfte (z. B. nur zu einer Religion) gegeben wurden, lassen sich in diesem Bereich keine validen Aussagen zu Mitgliedern der Religionen treffen. Jedoch wird deutlich, dass vor allem die Einbindung muslimischer Schülerinnen und Schüler in den Abschlussberichten erwähnt wurde und die Einbindung jüdischer Schülerinnen und Schüler eher mäßig ausfiel.

Mit Blick auf die Einbindung externer Partner lassen sich hingegen deutlich größere Zahlen herausarbeiten: Mit 524 ist hierbei die Anzahl an christlichen externen Partnern deutlich am höchsten; die Anzahl von muslimischen externen Partnern beläuft sich auf 287 und die von jüdischen externen Partnern auf 272. Folgende Tabelle soll dazu dienen, ein differenzierteres Bild der jeweiligen externen Partner zu erhalten:

Christliche externe Partner
• Christl. Kirchen/Gemeinden: 53 • Ev. Kirchen/Gemeinden: 91 • Kath. Kirchen/Gemeinden: 72 • Sonstige Gemeinden (Baptisten, method., orthod., kopt., neuapostol.): 13 • Pfarrer: 75 • Christliche Friedhöfe: 13 • Religionsvertreter (s. externe Partner): 85 • Hilfswerke: 13 • Klöster: 15 • Christliche Gesprächspartner: 10 • Experten für das Christentum: 2 • Arbeitskreise/Zentren: 15 • Christliche/r Künstler/in: 2 • Christliche Senioreneinrichtungen: 3 • Universität: 16 - Institut für kath. Theologie: 3 - Institut für ev. Theologie/Religionswissenschaft: 7 - Institut für Religionspädagogik: 6 • Ev. Fachhochschule: 1 • Christliche Bildungseinrichtungen/Institute: 28 • Ev. Kindergarten: 1 • Christliche Jugendeinrichtungen/Begegnungsstätten: 10 • Vereine: 4 • Ev. bzw. Ökum. Kirchentag: 2

Muslimische externe Partner

- Moscheen/muslim. Gemeinden: 177
- Imame: 26
- Muslimischer Friedhof: 1
- Religionsvertreter (s. externe Partner): 10
- Muslimische Gesprächspartner: 20
- Islamexperten: 15
- Islamisches (Kultur)-zentrum: 4
- Muslimische/r bzw. islamische/r Künstler/in: 3
- Muslimische/r Schriftsteller/in: 3
- Muslimischer Musiker: 1
- Muslimische Senioreneinrichtungen: 2
- Universität: Islamisches Institut: 1
- Islamisches Bildungsinstitut: 1
- Muslimischer Kindergarten: 1
- Muslimische Schulen: 4
- Muslimische Jugend Deutschland: 1
- Vereine: 16
- Muslimischer Gastlehrer: 1

Jüdische externe Partner

- Synagogen/jüd. Gemeinden: 153
- Rabbiner: 12
- Jüdische Friedhöfe: 26
- Religionsvertreter (s. externe Partner): 7
- Jüdische Gesprächspartner/Zeitzeugen: 31
- Jüdische Jugendliche: 4
- Experten für das Judentum: 6
- Arbeitskreise/Zentren: 8
- Jüdische/r Künstler/in: 7
- Jüdische/r Schriftsteller/in: 3
- Jüdischer Komponist: 1
- Jüdische Senioreneinrichtungen: 5
- Hochschule für jüd. Studien: 2
- Jüdischer Kindergarten: 1
- Jüdische Schulen: 2
- Jüdisches Jugendzentrum: 1
- Vereine: 1
- Jüdische Religionslehrerin: 1
- Jüdischer Fotograf: 1

Abbildung 9: Einbindung von Mitgliedern der Religionsgemeinschaften durch externe Partner

Vertreterinnen, Vorsitzende, Mitarbeiterinnen oder Mitglieder, die im Zusammenhang mit den verschiedenen aufgeführten Gemeinden aufgelistet waren, wurden nur bei den Gemeinden mitgezählt und nicht separat betrachtet. Zu den Schulen zählen nur solche, die nicht im Rahmen einer konkreten Kooperation aufgeführt wurden.

Mit Blick auf die Zahlen nehmen die Gemeinden mit Abstand den größten Stellenwert unter den externen religiösen Partnern ein – dies verweist auf die große Bedeutung der Sakralraumpädagogik als methodischer Großform. Im Weiteren lassen sich dann unterschiedliche Schwerpunkte erkennen: Im Islam und Judentum waren vor allem Gesprächspartner und Experten vertreten und auch die Anzahl und Vielfalt an Personen aus dem kulturellen Bereich (Musiker, Schriftsteller, etc.) war in diesen beiden Religionen recht hoch. Dies zeigt, wie wichtig die Begegnung mit Menschen aus den anderen Religionen für das Trialogische Lernen ist – schließlich waren hauptsächlich christliche Schülerinnen und Schüler an den Projekten beteiligt. Im Christentum waren hingegen häufiger konkret kirchliche Vertreter eingebunden, wodurch die Schülerinnen und Schüler dieser bzw. ihrer Religion noch einmal aus einer anderen Perspektive begegnen konnten. Auffallend ist hier zudem die hohe Einbindung von universitären Partnern und christlichen Bildungseinrichtungen.

Weitere externe Partner, die zur Einbindung von Mitgliedern der Religionsgemeinschaften gezählt werden können, sind die Arbeitskreise für christlich-islamische Begegnung (15) und christlich-jüdische Zusammenarbeit (18). Ferner gab es noch 40 Projekte, in denen die Mitglieder aller drei Religionen nicht konkret voneinander abgegrenzt werden konnten: Dazu zählen kirchliche Vertreter für den interreligiösen Dialog (14), Abrahamische Teams (12), das Weltkloster Radolfzell (3), interreligiöse Arbeitskreise (2), Institute/Akademien (6) und Künstler aus den abrahamischen Gruppen (3).

Zusammengefasst

Die schulischen Projekte zum ›Trialog der Religionen‹ fanden zum großen Teil in den Jahrgangsstufen der Sekundarstufe I statt, und zwar dort in den Jahrgangsstufen sieben (95), acht (92) und zehn (90). Dies ist insofern ein verblüffendes Ergebnis, als in der Religionsdidaktik diese Jahre der Pubertät und Adoleszenz als ›Moratorium‹ gelten, in dem Jugendliche nur wenig Interesse und Engagement beim Thema Religion zeigen. Offensichtlich hat gerade die Zusammenarbeit und das Zusammenlernen in drei unterschiedlichen Religionen bzw. Religionsgemeinschaften eine neue Offenheit für Religion und religiöses Lernen gefördert. Auf der anderen Seite ist aber zu berücksichtigen, dass im Bereich der Grundschule nur wenige Schulen überhaupt beteiligt waren und im Bereich der gymnasialen Oberstufe wenige Freiräume für Projektarbeit und interreligiöses Lernen zu finden sind. Auch dies gehört sicher zu den Erklärungszusammenhängen.

Die Initiierung interreligiöser und auch interkultureller Lernprozesse spielt in der großen Mehrzahl der Projekte eine entscheidende Rolle, wobei die Einbindung religiöser externer Partner und die Begegnung mit anderen Religionen und Kulturen besonders häufig als methodische Ansätze genutzt wurden. Hier nehmen die jüdischen (153), christlichen (225) und muslimischen (177) Gemeinden mit Abstand den größten Stellenwert unter den externen religiösen Partnern ein. Im Bereich der Methodenwahl sind die ersten sieben Methodenkategorien besonders interessant, da sich diese in mehr als 80 Projekten finden lassen. Dort ist vor allem der Aspekt des erfahrungsbasierten Lernens erkennbar: Durch Exkursionen und Gotteshausbesuche, durch darstellerische Auseinandersetzungen mit den Themen in Kunst oder Theater und durch die Beschäftigung mit verschiedensten Biografien konnten sich die Schülerinnen und Schüler die unterschiedlichen Themen erarbeiten und mit eigenen Erfahrungen verknüpfen.

Dies scheint ein Schlüssel für den Erfolg eines Projektes zu sein.

5.4 Die erfolgsbezogene Auswertung

Die sog. erfolgsbezogene Auswertung nimmt die Preisträgerschulen und ihre ausgezeichneten Projekte in den Blick. In jeder Wettbewerbsrunde wurden pro Bundesland (ab der 8. Runde wurden dabei Hamburg und Bremen sowie Rheinland-Pfalz und das Saarland zu einer Ländergruppe zusammengezogen) je drei Schulen für drei Plätze ausgezeichnet. Ausnahme bilden die ersten fünf Wettbewerbsrunden, in denen pro Bundesland auch mehrere Schulen für einen Platz ausgewählt wurden. Insgesamt gab es in den zehn Jahren des Schulenwettbewerbs somit 79 Preisträgerschulen (Schulkooperationen wurden nur einfach gezählt) – 26 Schulen belegten den 1. Platz, 27 Schulen den 2. Platz und 26 Schulen den 3. Platz.

Die folgenden Abschnitte sollen nun Antworten auf die folgenden Fragen geben:

- Welche Schulformen waren besonders erfolgreich im Schulenwettbewerb?
- Welche beteiligten Jahrgangsstufen brachten die besten Projekte hervor?
- Welche Projekttypen wurden von den Preisträgerschulen besonders häufig durchgeführt?
- Was machte die besonderen Leistungen der siegreichen Projekte aus?

Dabei muss beachtet werden, dass die Preisträger immer im Verhältnis zu den anderen Projekten, die in derselben Wettbewerbsrunde von den anderen Schulen des Bundeslandes durchgeführt wurden, ausgewählt wurden – diese Korrelation kann in diesem Kapitel jedoch nicht berücksichtigt werden.

5.4.1 Schultypen unter den Siegerschulen

Um festzustellen, welche Schulformen wie häufig im Rahmen des *Trialogs der Kulturen* für ihre Projektarbeit prämiert wurden, dienen wieder die Abschlussberichte der Schulen als Grundlage. Mehrfache Teilnahmen der Schulen wurden dabei nicht berücksichtigt und teilweise konnten Schulen wieder mehreren Schultypen zugeordnet werden. Waren durch eine Schulkooperation – nur bei Kooperationen für das gesamte Projekt (insg. 4) – verschiedene Schultypen mehrfach an einem Projekt beteiligt, wurden diese jeweils einfach hinzugezählt. Am häufigsten, nämlich 23-mal, waren Gymnasien unter den Preisträgern zu finden. Zehnmal konnte ein Gymnasium den ersten Platz des Wettbewerbdurchgangs erzielen; darüber hinaus wurde viermal der zweite Platz und neunmal der dritte Platz erreicht. Allerdings muss man diesen herausragenden Erfolg auch mit der hohen Teilnahmezahl dieses Schultyps in Beziehung setzen: Von den 60 teilnehmenden Gymnasien hat nur ca. ein Drittel einen Preis erzielen können.

Nimmt man diese Quote in den Blick, so stechen vor allem die Förderschulen heraus: vierzehnmal nahm eine Förderschule am *Trialog der Kulturen* teil und in sieben Fällen wurde ihr Engagement mit einem Preis ausgezeichnet (dreimal 1. Platz, dreimal 2. Platz und einmal 3. Platz). Insgesamt sieht die Verteilung wie folgt aus:

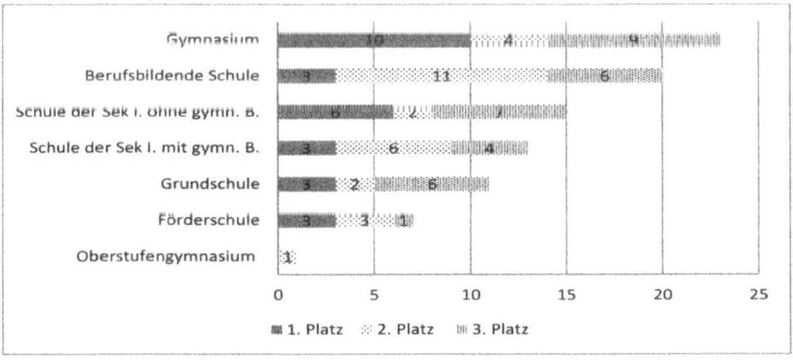

Abbildung 10: Verteilung der Schultypen unter den Siegerschulen

5.4.2 Mehrheitlich beteiligte Schulstufen

Für die erfolgsbezogene Auswertung der mehrheitlich beteiligten Schulstufen wurden erneut die Abschlussberichte der Siegerschulen herangezogen. Bei der Auszählung ergab sich dabei folgendes Ergebnis:

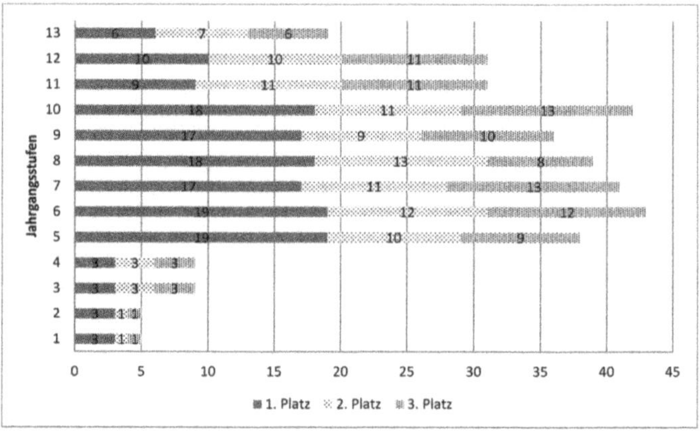

Abbildung 11: Verteilung der mehrheitlich beteiligten Schulstufen unter den Siegerschulen

Eine Schwierigkeit stellen hier wiederum die Berufsbildenden Schulen dar, da diese in den Berichten in der Regel lediglich die Anzahl der teilnehmenden Klassen aus den verschiedenen Berufs- und Ausbildungsgängen aufführten, ohne dass diese einer bestimmten Jahrgangsstufe zugeordnet werden konnten. Diese Fälle wurden in der Auswertung dementsprechend nicht berücksichtigt und wirken sich somit auf die Zahlen im Bereich der Oberstufe aus.

Wie die Abbildung deutlich macht, waren vor allem Jahrgangsstufen des Sekundarbereichs I an ausgezeichneten Projekten beteiligt – am häufigsten waren Schülerinnen und Schüler aus den Jahrgangsstufen sechs (43), sieben (41) und zehn (42) erfolgreich.

Dabei muss allerdings berücksichtigt werden, dass diese Jahrgangsstufen allgemein die größte Beteiligung in den Projekten aufweisen (vgl. Abbildung 7). Zudem lassen sich die allgemein hohen Zahlen dieser Jahrgangsstufen wieder mit den Teilnahmezahlen der verschiedenen Schultypen, in denen diese Jahrgangsstufen vertreten sind, relativieren. Jedoch wurde in diesen Jahrgangsstufen verhältnismäßig häufig sogar der 1. Platz erzielt – hinzu kommt hierbei auch die Jahrgangsstufe 5 mit neunzehn 1. Plätzen –, sodass sie dennoch als erfolgreichste Schulstufen bezeichnet werden können.

5.4.3 Projekttypen unter den Siegerschulen

Um herauszuarbeiten, welche Projekttypen mit großer Zahl unter den Siegerschulen zu finden sind, erschien ein Blick auf die Themenspektren in den ausgezeichneten Projekten sinnvoll. Hierbei wurde zunächst erst wieder zwischen religions- und kulturkundlichem Unterricht, der in allen 79 Siegerprojekten durchgeführt wurde, und interreligiösem Unterricht, der in 22 Projekten zu erkennen ist, unterschieden. Offensichtlich bemühten sich hier verhältnismäßig viele Schulen auch um einen interreligiösen Akzent in ihren Projekten, sodass das Verhältnis zwischen den beiden Unterrichtsformen innerhalb der Siegerschulen deutlich ausgeglichener ist als bei den nicht ausgezeichneten Schulen.

Mit Blick auf die konkreten Themenspektren sind keine extremen Veränderungen im Vergleich zu Abbildung 6 in Kapitel 5.3.1. erkennbar. Der erfolgreichste Projekttyp ist auch unter den Siegerschulen weiterhin das Exkursionsprojekt (49). Kunstpädagogische (49) und theaterpädagogische (47) Arbeiten wurden verhältnismäßig etwas häufiger in den ausgezeichneten Projekten durchgeführt, wodurch die ethischen Projekte (42) im Ranking etwas weiter nach hinten rutschten. Ansonsten tauschten nur noch Literatur- und Jahreskreisprojekte ihre Plätze – Literaturprojekte wurden unter den Siegerschulen zweimal mehr durchgeführt als Jahreskreisprojekte. Hinsichtlich des 1. Platzes waren Exkursions-, theaterpädagogische und biografische Projekte am erfolgreichsten, wodurch noch einmal der schon genannte Aspekt des erfahrungsbasierten Lernens deutlich wird. Alle überdurchschnittlich häufig behandelten Themen führt die folgende Abbildung auf, aus der ersichtlich wird, dass die erfolgreichsten Projekttypen insgesamt mit der allgemeinen Verteilung übereinstimmen:

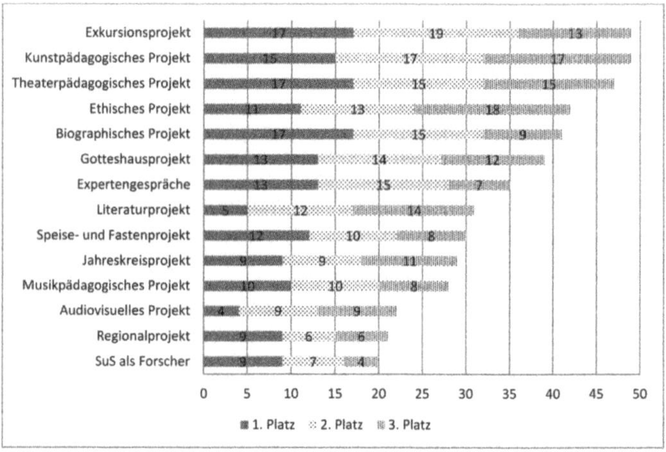

Abbildung 12: Projekttypen, die in großer Zahl unter den Siegerschulen zu finden sind

Nach den hier abgebildeten Themenspektren ist in der Auswertung dann ein großer Einbruch erkennbar: Nachdem die erfolgreichen Projekttypen eine Häufigkeit von 20 bis fast 50 Einbindungen aufweisen, sind die nachfolgenden Bereiche nur noch in sieben oder weniger Siegerprojekten erkennbar. Zu diesen Schlusslichtern gehören folgende Themenspektren: Heilige-Schriften-Projekt (7), Umweltprojekt (7), Gottesdienstprojekt (6), Kooperationsprojekt (4), Karitative Projekte (3), Sprachförderung und Integration (3), Architekturprojekt (2) und Praktikumsprojekt (1). Dies ist jedoch wieder in Relation zur allgemeinen Verteilung in Abbildung 6 zu sehen, wo diese Projekttypen ebenfalls verhältnismäßig selten vorkommen.

5.4.4 Begründungszusammenhänge der Jury

Nachdem gezeigt werden konnte, welche Schultypen, Jahrgangsstufen und Themen in die erfolgreichen Projekte eingebunden waren, ist zum Abschluss noch einmal ein Blick auf die konkreten Juryurteile interessant. Nach welchen Kriterien wurden die Preisträgerschulen von der Jury ausgewählt bzw. wie wurde ihre Platzierung begründet? Mit Blick auf die Begründungszusammenhänge der Jury, wie sie in den Laudationes für die Preisverleihungen im September jeden Jahres öffentlich wurden, ließen sich drei Bereiche erkennen, die unter den Kriterien besonders betont und hervorgehoben wurden: Organisation, Umsetzung und Nachhaltigkeit.

Im Bereich der Organisation führte die Jury vor allem eine gute und anschauliche Dokumentation (24), eine beeindruckende Netzwerkarbeit (20), ein professionelles Projektmanagement bzw. eine gute Projektorganisation (20) und eine effektive Öffentlichkeitsarbeit (16) als Begründungen für einen Preis an. Doch auch das Engagement der Projektleitung (12), eine gute Reflexion (12), eine harmonische Zusammenarbeit (8) und eine gute Darstellung des Projektziels und -inhalts (8) wurden positiv bewertet. Insgesamt ging es also um eine strukturierte, engagierte und transparente Arbeit.

Mit Blick auf die Umsetzung war vor allem der Aspekt der Vielfalt für ein erfolgreiches Projekt entscheidend. Vielfalt führte die Argumente, die von der Jury zur Begründung herangezogen wurden, sowohl mit Blick auf die Schülerinnen und Schüler wie auch mit Blick auf die Themen, an:

- große Zahl von Schülerinnen und Schülern verschiedener Jahrgangsstufen (21)
- Themenvielfalt/Projektvielfalt (20)

- hohes Niveau/anspruchsvolle Arbeiten (17)
- Eigeninitiative der Schülerinnen und Schüler/hohes Schülerengagement (14)
- kreative Umsetzung (13)
- konsequente Umsetzung des Trialoggedankens (13)
- innovative methodische Ansätze/Methodenvielfalt (12)
- ganze Schule beteiligt (12)
- gleichzeitige/gleichmäßige Einbindung von Judentum, Christentum und Islam (12).

Neben der Vielfalt und der Kreativität legte die Jury offensichtlich auch Wert auf eine breit aufgestellte Projektarbeit – Einbindung möglichst vieler Personen, fächerübergreifende Arbeit zum Trialog (6) etc. –, die Schülerorientierung – starke Schüler- und Handlungsorientierung (9), Anknüpfung an die Lebenswelt der Schülerinnen und Schüler (8) etc. – und einen Bezug zwischen interreligiösen und interkulturellen Themen – europäische Identität (5), kultureller Pluralismus (5) etc.

Entscheidend war für die Jury aber auch der Aspekt der Nachhaltigkeit – schließlich sollte der Trialoggedanke auch über die Schule und das Projektjahr hinaus getragen werden. Darum führten die Juroren auch Kriterien wie u.a. eine dauerhafte Beschäftigung mit dem Trialog durch Verankerung im Schulcurriculum (21), eine Ausstrahlung des Projektes auch außerhalb der Schule (18), eine Implementierung des Trialoggedankens in den Schulalltag (17) und eine Fortführung der Arbeit auch nach Ende des Projektes (11) an.

Ganz konkret wurde auch 15-mal von einer guten Ausführung zur Nachhaltigkeit gesprochen. Auch das Erstellen von gelungenen Materialien (9), eine beeindruckende Resonanz (7), die Verbindung von Lehreraus- und -weiterbildung inner- und außerhalb der Schule (6) sowie große Lerneffekte (6) tragen zu einer nachhaltigen Wirkung bei und wurden in den Siegerprojekten entsprechend positiv bewertet.

Zusammengefasst

Unter den Preisträgern sind verhältnismäßig viele Förderschulen, die sich in besonders gelungener Weise dem Trialog der Religionen gewidmet haben, oft mit Schülerinnen und Schülern, die mit großen Handicaps und erheblichem Förderbedarf belastet sind. So hat z. B. die Levana-Schule in Schweich mit *Meine, deine, unsere Welt: Gotteshäuser als Lego-Modelle* (vgl. 6. 2) ein zugleich bewegendes wie nachhaltiges Projekt vorgelegt, das Maßstäbe gesetzt hat, ebenso wie die Pilgerfahrt der Ludwig-Braun-Schule in der Trägerschaft der Hephata-Diakonie aus Schwalmstadt mit Esel und Hund von Köln nach Marburg.

Dass dieser Schultyp inzwischen im Zuge der Inklusionsdebatte fast völlig aufgehoben werden soll, ist mehr als bedauerlich. Dass Gymnasien ein Drittel der Preisträger stellen, überrascht dagegen nicht angesichts ihrer hohen Gesamtzahl unter den Wettbewerbsteilnehmern. Analoges gilt für die Projekte aus Gruppen, Klassen und Kursen der Sekundarstufe I: Sie stellen einen großen Teil der Preisträger, allerdings aber eben auch der Wettbewerbsbeiträge überhaupt.

Der erfolgreichste Projekttyp ist, wie gesehen, das Exkursionsprojekt zu außerschulischen jüdischen, christlichen oder muslimischen Lernorten. Aber auch kunstpädagogische und theaterpädagogische Projekte erwiesen sich als erfolgreiche und gelungene Formate.

6. Trialogisch Lernen – eine qualitative Auswertung

6.1 Grundsätzliches

Auch wenn die statistischen Daten der quantitativen Auswertung einen ersten Eindruck von Vielfalt, Kreativität und Ernsthaftigkeit vermittelt haben, ist zum besseren Verständnis und zur angemessenen Würdigung der Leistungen aller Preisträgerschulen ein Blick auf die konkreten Projekte hilfreich. Wie in der Einleitung bereits erwähnt, sind verschiedene ausgezeichnete Projekte bereits im Rahmen von religionsdidaktischen Methodenbüchern[11] und Handreichungen für die schulische Praxis[12] des Dialogs vorgestellt, gewürdigt und zur Nachahmung empfohlen worden. Im Folgenden soll diese materialanalytische Auswertung des Schulenwettbewerbs genutzt werden, um ausgezeichnete Schulen mit ihren exemplarischen Projekten kurz vorzustellen. Es werden allerdings nicht alle Siegerschulen aufgelistet, sondern nur besonders repräsentative Projekte, die oft in ähnlicher Weise auch von anderen Schulen gestaltet worden sind. Dazu wird auf die kurzen Projektvignetten zurückgegriffen, die Dorothee Fingerhut (geb. Herborn) für die vier Praxishefte erstellt hat.

11 Vgl. *C. P. Sajak* (Hg.), Trialogisch Lernen.

12 Vgl. *C. P. Sajak* (Hg.), Gotteshäuser. Entdecken – Deuten – Gestalten; *Ders.* (Hg.), Feste feiern. Jahreszeiten – Mahlzeiten – Lebenszeiten; *Ders.* (Hg.), Heilige Schriften. Texte – Themen – Traditionen; *Ders.* (Hg.), Schöpfung. Wissen – Kompetenzen – Haltungen.

6.2 Ausgezeichnete Projekte mit dem Thema ›Gotteshäuser‹[13]

***Kinderkirchenführer:* Gotteshäuser als heilige Räume**
Entwickelt und durchgeführt von der Evangelischen Schule Berlin-Mitte

- Schulform: Grundschule
- Beteiligte Jahrgangsstufen: Klassen 4–6
- Beteiligte Fächer: Religion, Deutsch, Geschichte, Gesellschaftskunde, Kunst – zusätzlich: Einrichtung eines Wahlpflichtkurses ›Kinderkirchenführer‹
- Größe der Lerngruppen: 11 bis 30 Schülerinnen und Schüler
- Dauer des Projekts: ca. 8–10 Wochen

Projektbeschreibung
In diesem Projekt erschlossen Schülerinnen und Schüler der Jahrgänge 4–6 als Schauspieler und Kinderkirchenführer die Traditionen und Rituale von Judentum, Christentum und Islam. Dabei wurden die Kinder nicht nur zu Kinderkirchenführern ausgebildet, sondern führten in abrahamisch geweiteter Perspektive auch durch die Şehitlik-Moschee und das Centrum Judaicum in Berlin.

***Sakralräume:* Gotteshäuser als Orte von Gemeinschaft**
Entwickelt und durchgeführt von der Carl-Schomburg-Schule in Kassel

- Schulform: Additive Ganztagsgesamtschule mit Förderstufe
- Beteiligte Jahrgangsstufe: Klasse 8

13 Vgl. *D. Herborn*, Praxisbeispiele für die interreligiöse Projektarbeit, in: Sajak, C. P. (Hg.), Gotteshäuser. Entdecken – Deuten – Gestalten, 37–69.

- Beteiligte Fächer: Religion, Ethik
- Größe der Lerngruppen: jeweils ca. 25–28 Schülerinnen und Schüler
- Dauer des Projekts: ca. 4–6 Wochen

Projektbeschreibung

Der primär am Projekt beteiligte Ethikkurs dieser Schule zeichnete sich durch eine besonders multireligiöse und multikulturelle Schülerschaft aus. Ziel des Projekts war es, zu einem tieferen Verständnis der anderen Kulturen und Religionen durch Wahrnehmung der Gotteshäuser und Begegnung mit Zeuginnen und Zeugen des Glaubens zu gelangen und so das Miteinander der Religionen und Kulturen in der schulischen Praxis zu vertiefen. Neben dem Besuch und der Führung durch die verschiedenen Gotteshäuser entdeckten die Schülerinnen und Schüler jedoch noch die soziale, gemeinschaftsstiftende Funktion von Kirche, Synagoge und Moschee.

***Europa klingt nach Abraham:* Gotteshäuser als Klangräume**

Entwickelt und durchgeführt von der Sankt-Lioba-Schule in Bad Nauheim

- Schulform: Gymnasium
- Beteiligte Jahrgangsstufen: Schülerinnen und Schüler aller Stufen (5–13)
- Beteiligte Fächer: Musik, Chor-AG
- Größe der Lerngruppe: ca. 200 Schülerinnen und Schüler sowie Eltern
- Dauer des Projekts: 3–6 Wochen

Projektbeschreibung

In ihrem Projektvorhaben *Europa klingt nach Abraham* setzten sich die Schülerinnen und Schüler intensiv mit den drei Weltreligionen auseinander und suchten einen musischen Zugang zu Judentum, Christentum und Islam. Beim ›Konzert der Kulturen‹ wurde eine evangelische Kirche mit Klängen aus verschiedenen Kulturkreisen und den drei abrahamischen Religionen in experimenteller Form gefüllt und unter dem Leitspruch ›Brücken bauen mit sakraler Musik‹ wurde eine hörbare Annäherung und Zusammenführung der Religionen und Kulturen versucht. Die sinnenhafte Wahrnehmung von Gotteshäusern über Musik aus verschiedenen Religionen und Kulturen ermöglichte in diesem Projekt einen elementaren Zugang zum Grundlegenden und Heiligen der drei Religionen und Traditionen.

***Der Irrgarten:* Gotteshäuser als Räume der Inszenierung**
Entwickelt vom Christian von Mannlich-Gymnasium in Homburg an der Saar

- Schulform: Gymnasium
- Beteiligte Jahrgangsstufen: primär Schülerinnen und Schüler der Klasse 10
- Beteiligte Fächer: Deutsch, Religion, Ethik
- Größe der Lerngruppe: 3 bis 6 Schülerinnen und Schüler
- Dauer des Projekts: 1 Woche

Projektbeschreibung:
Im Projekt *Der Irrgarten* hatte das Christian von Mannlich-Gymnasium die Orientierungslosigkeit, mit der sich Angehörige der verschiedenen Religionen und Kulturen leider oft begegnen, in einer Zelt-Irrgarten-Konstruktion symbolisiert und darin elf Räume geschaffen, die auf vielfältige Art und Weise Antworten auf einige Fragen zu den drei abrahamischen Religionen und den kulturellen Traditionen der Menschen gaben. In einem dieser Räume wurde ein Sprechtheater zu klassischen Abraham Texten – u. a. Gen 12 und die Ibrahim-Sure (Sure 14) – von Schülerinnen und Schülern auf Hebräisch, Deutsch und Arabisch aufgeführt und inszeniert.

Erzähl mir deinen Koffer: An Gotteshäuser erinnern
Entwickelt und durchgeführt von der John-F.-Kennedy-Schule in Bad Vilbel

- Schulform: Hauptschule
- Beteiligte Jahrgangsstufen: Klassen 8–9
- Beteiligte Fächer: Religion, Ethik, Politik und Wirtschaft
- Größe der Lerngruppe: ca. 25 Schülerinnen und Schüler
- Dauer des Projekts: ca. 3 Monate

Projektbeschreibung
Schülerinnen und Schüler der John-F.-Kennedy-Schule in Bad Vilbel riefen in *Erzähl mir deinen Koffer* ein interreligiöses, interkulturelles und intergeneratives Erzählcafé zum Thema religiöse und kulturelle Heimat ins Leben. Dazu traten sie mit Seniorinnen und Senioren aus den drei abrahamischen Religionen in einen Dialog, um so konkreten Formen des gelebten Glaubens sowie der religiösen Beheimatung, individuellen Glaubens- und Lebensbiografien und lebendig verkörperter Geschichte zu begegnen.

Erzählcafé Abraham: Gotteshäuser als Räume der Inszenierung
Entwickelt und durchgeführt von der Sankt-Lioba-Schule in Bad Nauheim

- Schulform: Gymnasium
- Beteiligte Jahrgangsstufen: Klassen 11–13
- Beteiligte Fächer: Religion, Geschichte
- Größe der Lerngruppe: ca. 15–28 Schülerinnen und Schüler
- Dauer des Projekts: ca. 4 Wochen

Projektbeschreibung
In ihrem Projekt *Erzählcafé Abraham* organisierten Schülerinnen und Schüler ein themenzentriertes Erzählcafé zum Thema ›Gott wohnt in vielen Häusern‹. In der Kooperation mit dem bereits

existierenden Erzählcafé im lokalen Umfeld lud die Schule Vertreterinnen und Vertreter der jüdischen, christlichen und muslimischen Gemeinde vor Ort ein, um mit den Schülerinnen und Schülern in einen Austausch über die Bedeutung der heiligen Räume in den abrahamischen Religionen in entspannter Atmosphäre zu treten. Dabei war es das Ziel, dass die Schülerinnen und Schüler ihr im Fachunterricht erworbenes Wissen über die Religionen und ihre Gotteshäuser konstruktiv in das Gespräch mit den Zeuginnen und Zeugen der drei Religionen einbringen und mit diesen diskutieren sollten.

***Jugendwelten hier und dort:* Interkulturelle Dialoge planen**
Entwickelt und durchgeführt vom Christian von Mannlich-Gymnasium in Homburg an der Saar

- Schulform: Gymnasium
- Beteiligte Jahrgangsstufen: Klassen 8–11
- Beteiligte Fächer: Deutsch, Kunst, Englisch, Religion und Ethik
- Größe der Lerngruppe: 25–30 Schülerinnen und Schüler
- Dauer des Projekts: ca. 8–12 Wochen

Projektbeschreibung
Im Rahmen des Projektvorhabens *Jugendwelten hier und dort* nahmen Schülerinnen und Schüler in Kleingruppen via E-Mail und internetbasierter Videotelefonie Kontakt mit Jugendlichen aus Israel, Syrien und Gaza auf, um mit ihnen in ein Gespräch über persönliche heilige Räume zu treten. Neben dem Austausch über private heilige Räume (Jugendzimmer) entstand ein Dialog über die Lebenswelten und die Bedeutung von Gotteshäusern im Leben der Jugendlichen.

Das transnationale und transkulturelle Gespräch stellte eine besondere Form des interreligiösen und interkulturellen Begegnungslernens dar, da Schülerinnen und Schüler auf diese Art authentische und umfassende Einblicke in die sozialen, religiösen, kulturellen, politischen und geschichtlichen Zusammenhänge in anderen Ländern erhielten. Diese galt es im Rahmen des Projekts auf die Lebenswelt der Schülerinnen und Schüler in Deutschland zu übertragen und sensibel zu deuten sowie konstruktiv zu verarbeiten.

Lebensräume – Lebensträume: Vielfalt leben: **Gotteshäuser gestalten**

Entwickelt und durchgeführt von der Fachschule für Sozialwesen in Speyer

- Schulform: Berufsbildende Schule
- Beteiligte Jahrgangsstufen: Klassen 11 und 12
- Beteiligte Fächer: Kunst, Religion, Musik
- Größe der Lerngruppe: 20–28 Schülerinnen und Schüler
- Dauer des Projekts: ca. 12–16 Wochen

Projektbeschreibung

In *Lebensräume – Lebensträume* gestaltete die Fachschule für Sozialwesen den bestehenden Raum der Stille in ihrer Schule nach einer intensiven Auseinandersetzung mit den abrahamischen Religionen und ihren Gotteshäusern in einen trialogischen Andachtsraum um. Dabei wurde die Wahrnehmung und Erschließung der Sakralräume zum Ausgangspunkt für einen handlungs- und produktorientierten Gestaltungsprozess, in dem Schülerinnen und Schüler ihre Visionen eines gemeinsamen Gebetsraums der drei Religionen umsetzen konnten.

Fensterstreich: **Sakrale Fenster gestalten**

Entwickelt und durchgeführt vom Georg-Büchner-Gymnasium in Bad Vilbel

- Schulform: Gymnasium
- Beteiligte Jahrgangsstufen: Klassen 7 und 8

- Beteiligte Fächer: Kunst und Religion
- Größe der Lerngruppe: 15–30 Schülerinnen und Schüler
- Dauer des Projekts: ca. 3–6 Wochen

Projektbeschreibung
Um alle Altersstufen in die trialogische Gestaltung sakraler Räume einzubeziehen, sollten die Schülerinnen und Schüler der Sekundarstufe I die Gestaltung einzelner jüdischer, christlicher und islamischer Elemente und Einrichtungsgegenstände übernehmen. Im Projekt *Fensterstreich* konnten die Schülerinnen und Schüler des Georg-Büchner-Gymnasiums in Anlehnung an die Chagall-Fenster in der St. Stephan-Kirche in Mainz ›trialogische‹ Fenster gestalten. Sie malten dabei ihre selbst entworfenen Bilder auf Acrylglasplatten und präsentierten diese in einer Ausstellung.

***Meine, deine, unsere Welt:* Gotteshäuser als Lego-Modelle**
Entwickelt und durchgeführt von der Levana-Schule in Schweich

- Schulform: Förderschule ganzheitliche Entwicklung
- Beteiligte Jahrgangsstufen: Klassen 4–6
- Beteiligte Fächer: Kunst, Religion, Deutsch, Mathematik
- Größe der Lerngruppe: 8 Schülerinnen und Schüler
- Dauer des Projekts: 2–4 Wochen

Projektbeschreibung
Im Rahmen der handlungsorientierten Vertiefung des Projektvorhabens *Meine, deine, unsere Welt* bauten die Schülerinnen und Schüler der Levana-Schule mit Legosteinen eine Kirche, eine Moschee und eine Synagoge aus dem lokalen Umfeld nach. Neben der Außenfassade wurden auch Säulen und Einrichtungselemente mit Legosteinen nachgebaut.

***Architektur der Religionen:* Gotteshäuser als Pappmodelle**
Entwickelt und durchgeführt vom Christian von Mannlich-Gymnasium in Homburg an der Saar

- Schulform: Gymnasium
- Beteiligte Jahrgangsstufen: Klassen 7, 10 und 11
- Beteiligte Fächer: Kunst, Religion, Deutsch
- Größe der Lerngruppe: 15–30 Schülerinnen und Schüler
- Dauer des Projekts: ca. 2–6 Wochen

Projektbeschreibung
Schüler und Schülerinnen konzipierten und bauten im Zuge des Projekts *Architektur der Religionen* Modelle trialogischer Gotteshäuser.

6.3 Ausgezeichnete Projekte mit dem Thema ›Jahreszeiten, Mahlzeiten und Lebenszeiten‹[14]

***Gemeinsam durch das Jahr:* Einen trialogischen Festkalender erstellen**
Entwickelt und durchgeführt von der Matzenbergschule Pirmasens

- Schulform: Förderschule
- Beteiligte Jahrgangsstufen: Klassen 5–8
- Beteiligte Fächer: Religion, Deutsch, Sozialkunde, Kunst
- Größe der Lerngruppe: ca. 25 Schülerinnen und Schüler
- Dauer des Projekts: 1 Jahr (Vorbereitung ca. 1 Monat)

Projektbeschreibung
In ihrem Projekt *Gemeinsam durch das Jahr* setzten sich Schülerinnen und Schüler der Matzenbergschule Pirmasens intensiv

14 Vgl. *D. Herborn*, Praxisbeispiele für die interreligiöse Projektarbeit, in: Sajak, C. P. (Hg.), Feste feiern. Jahreszeiten – Mahlzeiten – Lebenszeiten, 41–66.

mit den Festkreisen der drei abrahamischen Religionen auseinander und gestalteten sie über ein Schuljahr hinweg integriert in den Schulalltag. Dazu erarbeiteten die Schülerinnen und Schüler produktorientiert einen trialogischen Festkalender für die Schulgemeinschaft. Außerdem stellten sie durch das Gestalten von Festkreisuhren die religiösen Festzyklen von Judentum, Christentum und Islam wortwörtlich in den Mittelpunkt ihrer multireligiösen Schulgemeinde. In der Begegnung mit konkreten Elementen religiöser Feste im Raum Schule sowie dem Dialog mit Zeuginnen und Zeugen des Glaubens sollte darüber hinaus die sinnstiftende Bedeutung der Festkreise für Schülerinnen und Schüler erfahrbar werden.

***Rote-Feste-Faden:* Einen abrahamischen Leitfaden gestalten**
Entwickelt und durchgeführt von der Palotti-Schule Neunkirchen

- Schulform: Förderschule
- Beteiligte Jahrgangsstufen: Klassen 5–8
- Beteiligte Fächer: Religion, Deutsch, Kunst, Musik
- Größe der Lerngruppe: ca. 25 Schülerinnen und Schüler
- Dauer des Projekts: 1 Jahr (Vorbereitung ca. 1 Monat)

Projektbeschreibung
In diesem Vorhaben erweiterte die katholische Schule mit multireligiöser Schülerschaft ihren christlichen Schuljahresfestkreis durch ausgewählte Feste des jüdischen und muslimischen Kalenders. Dazu hatte eine Gruppe von Schülerinnen und Schülern einen Rote-Feste-Faden für die Schule gebastelt, an dem die Feste der Religionen abgeschritten werden konnten. Ziel des Projekts war es, in der Auseinandersetzung mit den Festen der Religionen die Wahrnehmungskompetenz für die Pluralität der religiösen Festkultur in Deutschland zu schärfen und die Gemeinsamkeiten und Unterschiede der abrahamischen Religionen am Beispiel der Feste zu erschließen.

Schalom – Frieden – Salam: An religiösen Festen teilnehmen

Entwickelt und durchgeführt vom Evangelischen Gymnasium am Dom zu Brandenburg

- Schulform: Gymnasium
- Beteiligte Jahrgangsstufen: Klassen 7–12
- Beteiligte Fächer: Religion, Arbeitsgemeinschaft, Deutsch
- Größe der Lerngruppe: ca. 25 Schülerinnen und Schüler
- Dauer des Projekts: 1 Schuljahr

Projektbeschreibung

In *Schalom – Frieden – Salam. Das Mitfeiern von Festen* setzte sich eine Schülergruppe ein Schuljahr lang intensiv mit den Festen im Jahreskreis der Religionen auseinander und erweiterte ihre Erfahrungen, indem sie an Festgottesdiensten an zentralen Feiertagen der Religionen teilnahmen und diese beobachteten.

Taste of Heaven: Ein trialogisches Kochbuch entwickeln

Entwickelt und durchgeführt von der Emil-Fischer-Schule Berlin

- Schulform: Oberstufenzentrum
- Beteiligte Jahrgangsstufen: Klassen 11–12
- Beteiligte Fächer: Religion, Hauswirtschaft, Deutsch, Wirtschafts- und Sozialkunde, Informatik
- Größe der Lerngruppe: ca. 25 Schülerinnen und Schüler
- Dauer des Projekts: 2 Monate

Projektbeschreibung

In diesem Projekt nahmen Schülerinnen und Schüler die Beschäftigung mit den Festen der abrahamischen Religionen zum Anlass, um sich in die religiös begründeten Speisetraditionen und -gesetze von Judentum, Christentum und Islam einzuarbeiten. Unter der Leitfrage, wie das gemeinsame Speisen von Juden, Christen und Muslimen bei einem ›Buffet der Begegnung‹ ermöglicht werden kann, untersuchten die Schülerinnen und Schüler nicht nur Lebensmittel auf ihre Trialogtauglichkeit, sondern sammelten auch Rezepte, die in einem trialogischen Kochbuch festgehalten wurden.

Die Welt zu Gast: Eine Expertenmappe zu Speisetraditionen erstellen

Entwickelt und durchgeführt vom Technisch-Gewerblichen Berufsbildungszentrum II Saarbrücken

- Schulform: Berufsbildungszentrum
- Beteiligte Jahrgangsstufen: Klassen 10–12
- Beteiligte Fächer: Religion, Ethik, Deutsch, Englisch, (Französisch), Hauswirtschaft, Informatik
- Größe der Lerngruppe: ca. 25 Schülerinnen und Schüler
- Dauer des Projekts: ca. 2 Monate

Projektbeschreibung

In *Die Welt zu Gast – zu Gast in der Welt* stellten Schülerinnen und Schüler der Berufsfachschule mit dem Schwerpunkt Hotel- und Gaststättengewerbe in der handlungs- und produktorientierten Auseinandersetzung mit den Grundlagen der Speisetraditionen und -vorschriften der abrahamischen Religionen eine Handreichung für Gastronomie- und Hotelbetriebe her. Diese umfasste neben wichtigen Informationen zur Glaubenspraxis, Fest- und Fastenzeiten und Bedeutungen der Religionen konkrete Empfehlungen zum Umgang und zur Zubereitung von Speisen unter Verweis auf die Speisegebote von Judentum, Christentum und Islam.

Dinner for Three: Über den Umgang mit Tieren nachdenken

Entwickelt und durchgeführt von der Rabanus-Maurus-Schule in Fulda

- Schulform: Gymnasium
- Beteiligte Jahrgangsstufen: Klasse 10

- Beteiligte Fächer: Religion, Biologie, Ökologie, Deutsch, Erdkunde
- Größe der Lerngruppe: ca. 25 Schülerinnen und Schüler
- Dauer des Projekts: ca. 2 Monate

Projektbeschreibung

Hier beschäftigten sich Schülerinnen und Schüler mit umwelt- und tierethischen Fragestellungen in Bezug auf das Thema ›Mahlzeiten‹. In der religionssensiblen Erörterung von Fragen der Schlachtung und der Massentierhaltung wurden Kriterien einer nachhaltigen Ernährung unter Einbezug der abrahamischen Perspektiven entwickelt.

***Am Anfang schon am Ende?*: Bestattungskultur in den Religionen entdecken**

Entwickelt und durchgeführt von den Kaufmännischen Schulen Marburg

- Schulform: Berufliche Schulen
- Beteiligte Jahrgangsstufen: Klassen 11–12
- Beteiligte Fächer: Religion, Ethik, Deutsch, Politik, Kunst, Musik
- Größe der Lerngruppe: ca. 25 Schülerinnen und Schüler
- Dauer des Projekts: 3 Monate

Projektbeschreibung

In *Am Anfang schon am Ende? Erwachsenwerden und die Frage nach dem Tod* setzten sich Schülerinnen und Schüler umfassend mit dem Thema Tod und Sterben in den abrahamischen Religionen auseinander und suchten mit Blick auf die kulturelle und religiöse Gesellschaftsrealität nach Formen und Angeboten der religionsspezifischen Bestattung in ihrem lokalen Umfeld. Im Dialog mit Vertretern der Religionen und der Kommunalpolitik wurden Matrizen entwickelt, die Menschen auf die unterschiedlichen Bestattungsbedürfnisse von gläubigen Juden, Christen und Muslimen aufmerksam machen und Hinweise für trialogisch sensible Bestattungsangebote geben.

***Ich wachse schneller, als ihr denkt:* Passageriten erkennen und erschließen**
Entwickelt und durchgeführt von der Carl-von-Weinberg-Schule in Frankfurt

- Schulform: Integrierte Gesamtschule mit gymnasialer Oberstufe
- Beteiligte Jahrgangsstufen: Klassen 5–11
- Beteiligte Fächer: Religion, Ethik, Deutsch, Kunst
- Größe der Lerngruppe: ca. 25 Schülerinnen und Schüler
- Dauer des Projekts: ca. 1 Monat

Projektbeschreibung
In ihrem Projekt *Ich wachse schneller, als ihr denkt – Initiation im Lebenszyklus* erschlossen Schülerinnen und Schüler anhand von Fotos aus der eigenen Biografie sowie anhand von Gesprächen mit Eltern und Großeltern die Übergangsriten aus Judentum, Christentum und Islam. Diese nahmen sie zum Ausgangspunkt für eine abschließende Diskussion zum Thema ›Aufwachsen in einer multireligiösen Gesellschaft – wie geht das?‹

***Komm erzähl mir was!:* Aus Lebensgeschichten lernen**
Entwickelt und durchgeführt von der Integrierten Gesamtschule Stierstadt in Oberursel

- Schulform: Integrierte Gesamtschule
- Beteiligte Jahrgangsstufen: Klassen 5–10
- Beteiligte Fächer: Religion, Ethik, Deutsch, Gesellschaftslehre, Kunst
- Größe der Lerngruppe: ca. 25 Schülerinnen und Schüler
- Dauer des Projekts: ca. 2 Monate

Projektbeschreibung
Schülerinnen und Schüler führten in *Komm erzähl mir was! Lebensgeschichten entdecken* im Rahmen von Erzählcafés einen intergenerativen und interreligiösen Dialog über Feste und Lebensgeschichten mit ihren eigenen Angehörigen sowie Verwandten ihrer Mitschülerinnen und Mitschüler. Die intensive Auseinandersetzung mit den eigenen Wurzeln wurde dann in einem Bildband nachhaltig festgehalten.

6.4 Ausgezeichnete Projekte mit dem Thema ›Heilige Schriften‹[15]

***Wurzeln der Heiligen Schriften:* Basiswissen zu Heiligen Schriften erschließen**
Entwickelt und durchgeführt von der Augustinerschule Friedberg

- Schulform: Gymnasium
- Beteiligte Jahrgangsstufen: Klasse 10
- Beteiligte Fächer: Religion, Deutsch
- Größe der Lerngruppe: ca. 25 Schülerinnen und Schüler
- Dauer des Projekts: 3 Monate

Projektbeschreibung:
In diesem Projekt haben sich Schülerinnen und Schüler an die Wurzeln der abrahamischen Religionen gewagt: die Heiligen Schriften als zentrale Offenbarungsurkunden und wegweisende Überlieferungen der religiösen Traditionen und der kultischen Vorschriften. Dabei ging es den Schülerinnen und Schülern weniger um die konkreten Geschichten und Personen aus Tanach, Bibel und Koran als vielmehr um den Umgang mit Heiligen Schriften in

15 Vgl. *D. Herborn:* Praxisbeispiele für die interreligiöse Projektarbeit, in: Sajak, C. P. (Hg.), Heilige Schriften. Texte – Themen – Traditionen, 37–61.

der Glaubenspraxis und den daraus resultierenden unterschiedlichen Interpretationsmethoden.

***Synopsis*: Tanach, Bibel und Koran vergleichen**
Entwickelt und durchgeführt von der Stadtteilschule Alter Teichweg

- Schulform: Gymnasium
- Beteiligte Jahrgangsstufen: Klassen 8–12
- Beteiligte Fächer: Religion, Deutsch, Geschichte, Erdkunde
- Größe der Lerngruppe: ca. 25 Schülerinnen und Schüler
- Dauer des Projekts: ca. 1 Monat

Projektbeschreibung:
Schülerinnen und Schüler machten sich hier auf die Suche nach den Grundlagen des Menschenbildes in Judentum, Christentum und Islam. Dazu erarbeiteten sie sich ein umfassendes Basiswissen zu den Heiligen Schriften der abrahamischen Religionen und stellten an exemplarischen, synoptischen Vergleichen Bezüge zwischen Tanach, Bibel und Koran her.

***Miteinander auf dem Weg*: Mit Heiligen Schriften unterwegs**
Entwickelt nach einer Idee der A.-Bebel-Gesamtschule in Wetzlar

- Schulform: Gesamtschule
- Beteiligte Jahrgangsstufen: Klasse 8
- Beteiligte Fächer: Religion
- Größe der Lerngruppe: ca. 25 Schülerinnen und Schüler
- Dauer des Projekts: ca. 1 Monat

Projektbeschreibung:
In diesem Projekt haben Schülerinnen und Schüler ›laufend‹ neue Erfahrungen mit den Heiligen Schriften der abrahamischen Religionen gemacht. Sie begaben sich dabei gemeinsam auf eine zehntägige Pilgerreise und wanderten einen Teil des Jakobswegs.

Täglich wurden dabei Textpassagen aus der hebräischen Bibel, dem Neuen Testament und dem Koran vorgelesen und von den Schülerinnen und Schülern in einem Tagebuch reflektiert.

***Abraham begegnen*: Tanach, Bibel und Koran vergleichen**
Entwickelt und durchgeführt von der Ketteler-La-Roche-Schule in Oberursel

- Schulform: Berufsfachschule für Sozialassistenz
- Beteiligte Jahrgangsstufen: Klasse 11
- Beteiligte Fächer: Religion, Deutsch
- Größe der Lerngruppe: ca. 25 Schülerinnen und Schüler
- Dauer des Projekts: 2 Monate

Projektbeschreibung:
In diesem Vorhaben setzten sich die Teilnehmenden mit zentralen Gestalten aus Tanach, Bibel und Koran auseinander. Einen besonderen Stellenwert nahm dabei natürlich die Begegnung mit Abraham, dem Stammvater von Judentum, Christentum und Islam, ein. Die Schülerinnen und Schüler sollten zu diesem Zweck ganze Erzählstränge zu den jeweiligen Personen aus Tanach, Bibel und Koran lesen, sich durch bibliodramatische Elemente in die Personen einfühlen und überlegen, was Menschen heute noch von diesen lernen können.

***Immer schön auf dem Teppich bleiben*: Migrationserfahrungen wahrnehmen**
Entwickelt und durchgeführt vom Gymnasium Traben-Trarbach

- Schulform: Gymnasium
- Beteiligte Jahrgangsstufen: Klasse 6
- Beteiligte Fächer: Religion, Ethik, Deutsch
- Größe der Lerngruppe: ca. 25 Schülerinnen und Schüler
- Dauer des Projekts: ca. 2 Monate

Projektbeschreibung:
Schülerinnen und Schüler lasen exemplarisch das *Buch Ruth* als biblische Ganzschrift. Im Fokus stand dabei die Lektüre der Geschichte als Migrationserzählung. Schülerinnen und Schüler mit heterogener Zuwanderungsgeschichte wurden in dieser Unterrichtseinheit eingeladen, der biblischen Erzählung existenziell mit ihren je eigenen Erfahrungen zu begegnen und diese kreativ in einer aktualisierten Version des Buches umzusetzen.

***Arche Noah – Gemeinsam in einem Boot*: Eine Ausstellung gestalten**
Entwickelt und durchgeführt vom Christian von Mannlich-Gymnasium Homburg

- Schulform: Gymnasium
- Beteiligte Jahrgangsstufen: Klasse 5–7
- Beteiligte Fächer: Religion, Kunst
- Größe der Lerngruppe: ca. 25 Schülerinnen und Schüler
- Dauer des Projekts: ca. 1 Monat

Projektbeschreibung:
In *Arche Noah – Gemeinsam in einem Boot* gestalteten Schülerinnen und Schüler ausgehend von den Sintflut-Erzählungen in Thora, Bibel und Koran eine Ausstellung, in der sie kreative Lernprodukte zur Sintflut-Erzählung der Öffentlichkeit vorstellten. Darüber hinaus reflektierten die Schülerinnen und Schüler, was ihnen bei einer langen Reise mit und unter Angehörigen verschiedener Religionen und Kulturen wichtig ist.

***Lessing in Lamboy*: Heilige Schriften erschließen**
Entwickelt und durchgeführt von der Tümpelgarten-Schule Hanau-Lamboy

- Schulform: Haupt- und Realschule
- Beteiligte Jahrgangsstufen: Klasse 8

- Beteiligte Fächer: Religion, Ethik, Deutsch, Geschichte, Politik, Kunst
- Größe der Lerngruppe: ca. 25 Schülerinnen und Schüler
- Dauer des Projekts: 3 Monate

Projektbeschreibung:
In ihrem Projekt *Lessing in Lamboy* verfassten Schülerinnen und Schüler ausgehend von Gotthold Ephraim Lessings Aufklärungsdrama *Nathan der Weise* in einer fächerübergreifenden Projektarbeit eine gegenwartsbezogene Version der Ringparabel und führten diese auf. In diesem Theaterstück wurde der in der Ringparabel grundgelegte Toleranzgedanke und die Idee eines friedlichen Miteinanders der abrahamischen Religionen auf heutige Herausforderungen übertragen und mit Lösungsvorschlägen für heutige kulturelle und religiöse Konflikte verbunden.

***Metamorphosen – Grenzüberschreitungen*: Den Spuren in der Weltliteratur folgen**
Entwickelt und durchgeführt von der Richard-Müller-Schule Fulda

- Schulform: Berufsfachschule
- Beteiligte Jahrgangsstufen: Klassen 11–12
- Beteiligte Fächer: Religion, Deutsch, Geschichte, Politik und Wirtschaft, Theater-AG
- Größe der Lerngruppe: ca. 30 Schülerinnen und Schüler
- Dauer des Projekts: ca. 12 Monate

Projektbeschreibung:
Im Vorhaben *Metamorphosen – Grenzüberschreitungen* verfassten Schülerinnen und Schüler der Berufsfachschule ausgehend von Lessings Aufklärungsdrama *Nathan der Weise* ein anspruchsvolles Theaterstück zum Miteinander der abrahamischen Religionen und integrierten dabei Texte aus den Heiligen Schriften und anderen Werken der Weltliteratur.

6.5 Ausgezeichnete Projekte mit dem Thema ›Schöpfung‹[16]

***Mensch – Kreatur – Natur*: Basiswissen zum Thema Schöpfung erschließen**
Entwickelt und durchgeführt von der Oberschule Roter Sand in Bremen

- Schulform: Sekundarschule
- Beteiligte Jahrgangsstufen: Klassen 5–10
- Beteiligte Fächer: Religion, Ethik, Biologie, Physik
- Größe der Lerngruppe: ca. 25 Schülerinnen und Schüler
- Dauer des Projekts: 1–2 Monate

Projektbeschreibung:
In diesem Projekt setzten sich Schülerinnen und Schüler in einer fächerübergreifenden Zusammenarbeit intensiv mit den Schöpfungsmythen in den Heiligen Schriften der abrahamischen Religionen auseinander. Sie fragten nach der Rolle des Menschen in der Schöpfung und formulierten einen trialogischen Schöpfungsauftrag. Ein Blick auf gegenwärtige Gefährdungen der Schöpfung veranlasste die Schülerinnen und Schüler dazu, Perspektiven für eine ökologisch verantwortungsvolle Alltagsgestaltung aufzuzeigen und durch ideenreiche Aktionen auszuprobieren.

***Die Welt in unseren Händen*: Über das Verhältnis zu Mitgeschöpfen nachdenken**
Entwickelt und durchgeführt vom Hilda-Gymnasium Koblenz

- Schulform: Gymnasium
- Beteiligte Jahrgangsstufen: Klassen 10–11

16 Vgl. *D. Herborn*, Praxisbeispiele für die interreligiöse Projektarbeit, in: Sajak, C. P. (Hg.), Schöpfung. Wissen – Kompetenzen – Haltungen, 45–71.

- Beteiligte Fächer: Religion, Ethik
- Größe der Lerngruppe: ca. 25 Schülerinnen und Schüler
- Dauer des Projekts: ca. 1 Monat

Projektbeschreibung:
In *Die Welt in unseren Händen* setzten sich Schülerinnen und Schüler ausführlich mit den Schöpfungsmythen der abrahamischen Religionen auseinander. Im Mittelpunkt standen die Geschöpfe und ihr Verhältnis zueinander. Dabei erörterten sie nicht nur die Frage nach der Gleichstellung von Mann und Frau in den Religionen, sondern auch die Frage nach dem Umgang des Menschen mit den Tieren in Judentum, Christentum und Islam.

***Wer wir sind. Wie wir sind. Wie wir handeln:* Das Verhältnis von Wissen und Glauben erörtern**
Entwickelt und durchgeführt vom Margaretha-Rothe-Gymnasium Hamburg

- Schulform: Gesamtschule
- Beteiligte Jahrgangsstufen: Klassen 11–12
- Beteiligte Fächer: Religion, Ethik, Physik, Biologie
- Größe der Lerngruppe: ca. 25 Schülerinnen und Schüler
- Dauer des Projekts: ca. 1 Monat

Projektbeschreibung:
Schüler und Schülerinnen beschäftigten sich im Zuge des Projekts *Wer wir sind. Wie wir sind. Wie wir handeln* im Physik- und Biologieunterricht intensiv mit dem Einfluss der abrahamischen Religionen auf wissenschaftliche Erkenntnisse. In einem ersten Schritt erschlossen sie sich Positionen im Judentum, Christentum und Islam gegenüber der Naturwissenschaft. Davon ausgehend reflektierten sie den immer noch aktuellen Konflikt zwischen religiösen Weltdeutungen und modernen naturwissenschaftlichen Perspektiven.

***Drei Religionen und eine Menge Holz*: Der Schöpfung begegnen**
Entwickelt und durchgeführt von der Lahntalschule Biedenkopf

- Schulform: Gymnasium
- Beteiligte Jahrgangsstufen: Klassen 6–7, 11
- Beteiligte Fächer: Religion, Deutsch, Kunst
- Größe der Lerngruppe: ca. 25 Schülerinnen und Schüler
- Dauer des Projekts: 3 Monate

Projektbeschreibung:
In *Drei Religionen und eine Menge Holz* entwickelten Schülerinnen und Schüler in einem schulnahen Waldgebiet einen interreligiösen Naturlehrpfad. Sie fertigten dazu mehrere Schaukästen an, in denen Besucher Informationen zu zentralen Aspekten rund um das Thema Schöpfung in Judentum, Christentum und Islam erhielten. Sie konzipierten darüber hinaus körperliche und spirituelle Aktionen entlang des Weges, die zu einer erlebnisorientierten Begegnung mit der Schöpfung einladen sollten. Die Schülerinnen und Schüler erschufen so einen außerschulischen, interreligiösen Lernort, der seine Besucher auf einen besonderen Weg durch Gottes Schöpfung aus Sicht der abrahamischen Religionen führte.

***Unterwegs zum Garten Eden*: Der Schöpfung in Pflanzen begegnen**
Entwickelt und durchgeführt von der Integrierten Gesamtschule Landau

- Schulform: Gesamtschule
- Beteiligte Jahrgangsstufen: Klassen 5–6
- Beteiligte Fächer: Religion, Biologie, Kunst
- Größe der Lerngruppe: ca. 25 Schülerinnen und Schüler
- Dauer des Projekts: ca. 1 Monat

Projektbeschreibung:
Hier setzten sich Schülerinnen und Schüler in Kooperation mit der Universität Koblenz-Landau intensiv mit den Paradiesvorstellungen und der Bedeutung von Pflanzen in den abrahamischen Religionen auseinander. Dabei ließen sie im Schulgarten einen paradiesischen Bibel- und Korangarten entstehen.

***Organspende – um Gottes Willen?!*: Das Thema Organspende mehrdimensional erschließen**
Entwickelt und durchgeführt vom Karolinen-Gymnasium in Frankenthal

- Schulform: Gymnasium
- Beteiligte Jahrgangsstufen: Klassen 10–12
- Beteiligte Fächer: Religion, Ethik, Biologie
- Größe der Lerngruppe: ca. 25 Schülerinnen und Schüler
- Dauer des Projekts: ca. 1 Monat

Projektbeschreibung:
In diesem Projekt beschäftigten sich Schülerinnen und Schüler in einem intensiven Lernprozess mit dem Thema Organspende. Sie beleuchteten dabei sowohl die Perspektiven der drei abrahamischen Religionen als auch medizinisch-biologische Voraussetzungen und traten mit Betroffenen und ihren Lebensgeschichten in einen Dialog. Ihre Einsichten diskutierten sie im Rahmen eines Aktionstages (z. B. Organspendetag) in der Frankenthaler Innenstadt.

***Die Schüler-Ethikkommission*: Ethische Grundfragen erörtern**
Entwickelt und durchgeführt von der Stadtteilschule Alter Teichweg Hamburg

- Schulform: Gesamtschule
- Beteiligte Jahrgangsstufen: Klasse 10

- Beteiligte Fächer: Religion, Ethik, Deutsch, Politik
- Größe der Lerngruppe: ca. 25 Schülerinnen und Schüler
- Dauer des Projekts: 12 Monate

Projektbeschreibung:
Mit ihrer *Schüler-Ethikkommission* gründeten die Teilnehmenden nach dem Vorbild medizinischer Ethikkommissionen ein eigenes Gremium. In diesem diskutierten sie biomedizinische Forschungen und Entwicklungen ebenso wie religiös begründete Traditionen, zum Beispiel die Beschneidung von Jungen in Judentum und Islam. In einem umfassenden Prozess der ethischen Urteilsbildung wurden dabei Perspektiven aus Biologie, Medizin, Politik, Rechtswissenschaft und in besonderer Weise aus den abrahamischen Religionen eingebracht. In öffentlichen Sitzungen diskutierte die Schüler-Ethikkommission vor und mit dem Schulpublikum.

***Wie werden deine Kleider hergestellt?*: Eine Antimodenschau der Religionen gestalten**
Entwickelt und durchgeführt von der Clemens-Brentano-Europaschule Lollar

- Schulform: Gesamtschule
- Beteiligte Jahrgangsstufen: Klasse 12
- Beteiligte Fächer: Religion, Kunst, Sozialwissenschaft
- Größe der Lerngruppe: ca. 25 Schülerinnen und Schüler
- Dauer des Projekts: ca. 2 Monate

Projektbeschreibung:
In diesem Projekt wurde das Leistungsverständnis unserer Gesellschaft kritisch beleuchtet. Die Schülerinnen und Schüler beschäftigten sich auf der einen Seite mit den Schönheitsidealen der Religionen, auf der anderen Seite aber auch mit kritischen wirtschaftlichen Verflechtungen einer ausbeuterischen Modeindustrie. Sie machten sich auf die Suche nach nachhaltiger Mode für

jüdische, christliche und muslimische Kulturkreise. Mit selbst entworfenen Kleidungsstücken erreichten sie im Rahmen einer ›Antimodenschau‹ ein breites öffentliches Publikum.

***Ich wünscht ich wär (k)ein Huhn*: Über den Umgang mit Tieren nachdenken**

Entwickelt und durchgeführt von der Rabanus-Maurus-Schule Fulda

- Schulform: Gymnasium
- Beteiligte Jahrgangsstufen: Klasse 10
- Beteiligte Fächer: Religion, Biologie, Ökologie, Erdkunde
- Größe der Lerngruppe: ca. 25 Schülerinnen und Schüler
- Dauer des Projekts: ca. 2 Monate

Projektbeschreibung:

In *Ich wünscht ich wär (k)ein Huhn* setzten sich Schülerinnen und Schüler umfassend mit umwelt- und tierethischen Fragestellungen auseinander. Neben der theologischen Frage nach der Stellung des Tieres in den abrahamischen Religionen beschäftigten sie sich intensiv mit Aspekten und Formen der Nutztierhaltung. Dabei schreckten die Schülerinnen und Schüler auch nicht vor Exkursionen zu Schlachthöfen und Massentierhaltungsbetrieben zurück. In diesem mehrdimensionalen Prozess der ethischen Urteilsbildung entwickelten sie Kriterien für eine artgerechte Tierhaltung und eine nachhaltige Ernährung.

7. Trialogische Didaktik – empirische Erträge

Der Schulenwettbewerb zum *Trialog der Kulturen* der Herbert Quandt-Stiftung hat nicht nur wichtige Beiträge zur Integration und Zivilisierung von Religion in den Alltag vieler religiöser und kulturell pluraler Schulen geleistet, sondern auch wichtige Erkenntnisse für die Didaktik des interreligiösen Lernens geliefert. Da sich das interreligiöse Lernen im Rahmen des Trialogs auf die drei abrahamischen Religionen Judentum, Christentum und Islam bezieht, soll im Folgenden der oben eingeführte und breit erläuterte Begriff des Trialogischen Lernens verwendet werden. Zuletzt hat Georg Langenhorst eine umfangreiche Trialogische Religionspädagogik vorgelegt[17], deren theoretischer Ausführung und Entfaltung aus dem Schulenwettbewerb durchaus noch wichtige Impulse hinzugefügt werden können. In diesem Sinne bietet die Auswertung des Schulenwettbewerbs auch die Chance, empirische Erkenntnisse über das Trialogische Lernen in eine Didaktik des interreligiösen Lernens im Kontext der drei abrahamischen Religionen einzutragen.

Die Didaktik des interreligiösen Lernens kann in unterschiedlichster Weise konturiert werden. In jüngster Zeit ist das Strukturmodell einer kompetenzorientierten Didaktik von Kerstin Tschekan in die deutsche Diskussion eingebracht worden. Tschekan[18] unterscheidet fünf Dimensionen kompetenzorientierten Unterrichtens, die es in allen Fächern zu berücksichtigen gilt. Darin sollen Lern- und Unterrichtsprozesse von der Idee der Kompetenzentwicklung her geplant, durchgeführt und reflektiert werden. Diese fünf Dimensionen sind

- die Leitbilddimension, in der Vorannahmen, Bedingungen und Ziele der Lernprozesse beschrieben werden;
- die organisatorische Dimension, in der die grundsätzlichen Strukturen von Lernprozessen und Unterrichtsorganisation festgelegt werden;
- die inhaltliche Dimension, in der die zur Kompetenzentwicklung verwendeten Lerngegenstände beschrieben und reflektiert werden;

17 Vgl. *G. Langenhorst*, Trialogische Religionspädagogik.

18 Vgl. *K. Tschekan*, Kompetenzorientiert unterrichten. Eine Didaktik, Berlin 2011, 145–150.

- die methodische Dimension, in der die konkreten Lernwege von Schülerinnen und Schülern beschrieben werden;
- und die bewertende Dimension, in der es um die Reflexion und Auseinandersetzung mit den Unterrichtsgegenständen geht.[19]

Der Blick auf die Bilanz des Wettbewerbs *Schulen im Trialog* kann nun helfen, aus der schulischen Praxis Daten zu gewinnen, die eine empirische Weiterentwicklung des Trialogischen Lernens unterstützen können. Dabei war die Zieldimension/Leitbilddimension – wie üblich bei schulischen Lern- und Bildungsprozessen – von vornherein als heuristischer Rahmen festgelegt: Trialogisches Lernen zielte »im Kontext dieses Konzeptes darauf ab, Menschen aus Judentum, Christentum und Islam an verschiedenen Lernorten in ein konstruktives Gespräch zu bringen, das zu Verstehen, Respekt und Wertschätzung führen kann«[20]. Dies war für die Herbert Quandt-Stiftung nicht nur vor dem politischen Hintergrund von Integration und Zivilisierung von Religion von immenser Bedeutung, sondern auch Konsequenz aus der theologischen wie religionsgeschichtlichen Verwandtschaft von Judentum, Christentum und Islam, die sich im monotheistischen Glauben an den einen Gott zeigt. Dieses Globalziel, das von der Stiftung für den Wettbewerb ausgegeben wurde, wurde von allen zum Wettbewerb zugelassenen Schulen in ihren Projekten angestrebt und in vielen Schritten und Prozessen auch in unterschiedlichen Stufen erreicht und umgesetzt. Dabei ließen sich aus religionspädagogischer Perspektive verschiedene Beobachtungen machen, die in Zukunft helfen können, Trialogisches, aber auch interreligiöses Lernen allgemein noch stärker an der tatsächlichen Praxis von Lernprozessen in schulischen oder gemeindlichen Lerngruppen weiterzuentwickeln. Konkret zeigten sich in den vier Dimensio-

19 Vgl. *C. P. Sajak*, Interreligiöses Lernen, Darmstadt 2018, 84.

20 Vgl. *C. P. Sajak*, Trialogische Religionspädagogik, 373.

nen einer kompetenzorientierten Trialogischen Didaktik folgende Phänomene:

Die organisatorische Dimension

Die Fülle der Projekte aus den unterschiedlichsten Schultypen hat gezeigt, dass Trialogisches Lernen in allen Schulformen und Schulstufen möglich ist. Dabei war auffällig, dass vor allem an Förderschulen und an verschiedenen Bildungsgängen von berufsbildenden Schulen engagierte und kreative Projekte des Trialogischen Lernens entstanden sind. Scheinbar trägt die besondere Zusammensetzung der Lerngruppen an diesen Schultypen – also Schülerinnen und Schüler mit Förderbedarf bzw. Schülerinnen und Schüler mit einer bestimmten berufsspezifischen Ausrichtung – dazu bei, dass sich interreligiöse Lernprozesse in hilfreicher Weise besonders fokussieren und auf einen Aspekt von interreligiöser Praxis ausrichten lassen.

Auf der anderen Seite haben die vielen Projekte an Gymnasien – und hier vor allem in der Sekundarstufe I – gezeigt, dass auch an Schultypen, die keine religiös und kulturell besonders heterogene Schülerschaft aufweisen, durch Schulkooperationen oder durch Projekte mit externen Partnern Trialogisches Lernen im engeren Sinne, also mithilfe der Begegnung von Angehörigen der verschiedenen Religionen, möglich ist und sich in sehr gewinnbringender Weise realisieren lässt.

Damit ist das Stichwort religiöses Lernen ›im engeren Sinne‹ gefallen. Stefan Leimgruber hat die Unterscheidung von interreligiösem Lernen im engeren und im weiteren Sinne in seiner einschlägigen Publikation *Interreligiöses Lernen* vor vielen Jahren in den religionspädagogischen Diskurs eingebracht.[21] Seitdem wird unter interreligiösem Lernen ›im engeren Sinne‹ ein Lernprozess verstanden, in dem sich Angehörige verschiedener Reli-

21 Vgl. *S. Leimgruber*, Interreligiöses Lernen, München 2007, 20f.

gionen persönlich begegnen und in dieser Begegnung und der damit verbundenen Auseinandersetzung wichtige Lernschritte und Lernfortschritte machen. Da dies nur eine Form des interreligiösen Lernens ist, die immer von der Existenz von Begegnungsmöglichkeiten abhängt, bezeichnet Leimgruber das interreligiöse Lernen über andere Religionen im Sinne des religionskundlichen Modus als interreligiöses Lernen ›im weiteren Sinne‹. Damit kann das Behandeln von anderen Religionen im Unterricht mithilfe von Schulbuch oder Video, aber auch das Entdecken anderer Religionen durch den Besuch von Gotteshäusern oder durch die Lektüre heiliger Schriften gemeint sein. Die oben bereits eingeführte klassische Unterscheidung zwischen ›learning from religion‹ und ›learning about religion‹ lässt sich genau diesen beiden Grundformen interreligiösen Lernens zuordnen. Mit Blick auf die Wettbewerbsauswertung kann man sagen, dass in allen prämierten Projekten eine Kombination beider Modi interreligiösen Lernens, also ein Lernen im weiteren Sinne wie auch ein Lernen im engeren Sinne, vorgelegen hat. Dies leuchtet ein: Wenn ein ›learning from religion‹, also die Begegnung z. B. von jüdischen und muslimischen Kindern in einem Kooperationsprojekt zweier Berliner Schulen gelingen soll, muss es natürlich vorgängig und voraussetzend Phasen des ›learning about religion‹ geben, in denen die jüdischen und muslimischen Kinder sich erst einmal im Rahmen ihrer eigenen Lerngruppe mit ihren Lehrerinnen und Lehrern mit der Religion der anderen beschäftigen. Insofern lässt sich resümieren, dass die Wettbewerbsprojekte in gelungener Weise konfessionelle bzw. religionsbezogene Lerneinheiten als Grundlegung gestaltet haben, in denen im religionskundlichen Modus erst einmal über die anderen abrahamischen Religionen etwas gelernt wurde, um dann in einen Prozess einzutreten, der im engeren Sinne interreligiöses Lernen gewesen ist, also Begegnung mit Kindern und Jugendlichen aus den anderen Religionen. Dies ist eine wichtige Erkenntnis für eine Didaktik interreligiösen oder auch Trialogischen Lernens insgesamt.

Von ähnlich tragender Bedeutung ist die Unterscheidung zwischen interkulturellem und interreligiösem Lernen, die auch in diesem Band bereits vorgenommen und erklärt worden ist. Mit Blick auf dieses Begriffspaar ist ebenso zu resümieren, dass beide Elemente zu gelingenden Lernprozessen in Sachen Trialog der Religionen zusammengehören. Wie die Auswertung zeigte, ließen sich in den meisten Projekten interkulturelle und interreligiöse Lernprozesse kaum voneinander unterscheiden und waren eng miteinander verwoben. Insofern ist es widersinnig und kontraproduktiv, wenn im Bereich der Interkulturellen Didaktik das interreligiöse Element aus ideologischen oder politischen Gründen abgelehnt und ignoriert wird. Interkulturelles und interreligiöses Lernen sind quasi zwei Seiten der einen Medaille, die sich in der schulischen Praxis und in der Konkretion der Lernprojekte kaum voneinander unterscheiden lassen.

Die methodische Dimension

Im Bereich der Methodenlehre ist auffällig, dass das Lernen an außerschulischen Lernorten und das biografische Lernen in den meisten Projekten eine entscheidende Rolle spielten und entsprechend in der Rangliste der unterschiedlichen methodischen Zugänge weit vor allen anderen gelegen haben. Entsprechend scheint es für eine Didaktik des interreligiösen Lernens unverzichtbar, religiöse Orte außerhalb der Schule aufzusuchen, um dort die konkrete Begegnung mit Zeuginnen und Zeugen anderer Glaubensgemeinschaften anzustreben und zu gestalten. Ähnliches gilt für das biografische Lernen: Auch hier haben viele Wettbewerbsprojekte gezeigt, dass gerade die Auseinandersetzung mit den Lebensgeschichten und den Lebensumständen von Menschen aus anderen Religionen in unserer Gesellschaft ein willkommener und anregender Anlass gewesen sind, sich mit Fragen religiöser Praxis und religiöser Integration insgesamt zu beschäftigen. Die Beliebtheit dieser beiden methodischen Großformen macht deutlich, warum in der Projektauswertung die Gemeindeanbindung und die Kooperation mit Gemeinden der drei Religionen von so eminent wichtiger Bedeutung gewesen sind. Gerade in der konkreten Zusammenarbeit mit jüdischen, christlichen oder islamischen Gemeinden vor Ort konnte sowohl ein Lernen an außerschulischen Lernorten wie der Synagoge, der Kirche oder der Moschee, aber auch biografisches Lernen wie die Befragung von jüdischen, christlichen und muslimischen Seniorinnen und Senioren unter dem Aspekt ihrer Glaubensgeschichte in dieser Gesellschaft angemessen realisiert werden.

Die inhaltliche Dimension

Wie im vorherigen Kapitel anhand der Projektbeispiele gezeigt, gibt es einen klaren Kanon von Themen und Inhaltsfeldern, die im Rahmen der Projektarbeit von Schülerinnen und Schülern mit ihren Lehrerinnen und Lehrern bearbeitet und gestaltet worden sind. Diese Inhalte stehen oft in Verbindung mit methodischen Großformen und lassen sich von diesen kaum unterscheiden. Entsprechend stehen die Lebensgeschichten von jüdischen, christlichen und muslimischen Menschen in unserer Gesellschaft, die die Grundlage des eben erwähnten biografischen Lernens sind, an erster Stelle. An zweiter Stelle rangieren in der Gesamtzahl der Projekte die Gotteshäuser der drei abrahamischen Religionen, also Synagoge, Kirche und Moschee, was mit der Bedeutung des Lernens an außerschulischen Lernorten in der vorherigen Dimension korrespondiert. Aber auch die Beschäftigung und Gestaltung des religiösen Jahreskreises in den drei abrahamischen Religionen sowie die aufmerksame Beobachtung und Reflexion von Speise- und Fastenvorschriften hat einen wichtigen Raum eingenommen. Überraschend dagegen ist die große Bedeutung, die Liturgie und Gottesdienst für die Schülerinnen und Schüler in den Projekten gehabt haben. Neben dem Trialogischen Lernen im engeren und weiteren Sinne ist es auch die trialogische Glaubenspraxis gewesen, die unabhängig von intendierten Lernprozessen in den Projekten einen wichtigen Stellenwert besaß. Die gemeinsame Gestaltung von Gebeten, Gottesdiensten und Jahreskreisfeiern hat überdeutlich gemacht, dass fruchtbare interreligiöse Lernprozesse nicht nur zu Wissenszuwachs und Kompetenzentwicklung führen, sondern auch zu religiöser Partizipation und religiösen Ausdrucksformen inspirieren und anregen.

Die Evaluationsdimension

Der Wettbewerb Schulen im Trialog hat wie bisher kein anderes Format im Kontext der Religionspädagogik eine Plattform und ein Forum geboten, interreligiöse bzw. trialogische Lernprozesse von Kindern und Jugendlichen zu evaluieren. Damit ist nur in zweiter Linie die Beobachtung und Bewertung durch die Mitglieder der Jury des Wettbewerbs gemeint. Viel wichtiger ist im Kontext des Konzepts des kompetenzorientierten Lernens, dass Schülerinnen und Schüler durch das Format des Projektlernens und der Konkurrenz in einem Wettbewerb Motivation und Gelegenheit gegeben wurde, sich mit Fragen des Trialogischen Lernens intensiv auseinanderzusetzen und auf den Gebieten ihres jeweiligen Lernbereichs entsprechend Kompetenzen weiterzuentwickeln und schließlich im Rahmen der Projektpräsentation zu zeigen. Damit ist ein Format geschaffen worden, das mehr als andere Evaluationsformen im Rahmen der Religionsdidaktik eine authentische und nicht gekünstelte Möglichkeit bietet, wirkliche Performance, also eine wirkliche Anwendung und Aufführung von erworbenen Fähigkeiten und Fertigkeiten zu zeigen. Folglich hat das Wettbewerbsformat, was von der Herbert Quandt-Stiftung im Rahmen des *Trialogs der Kulturen* eingeführt und entwickelt worden ist, einen wichtigen didaktischen Baustein kompetenzorientierten Lehrens und Lernens im Bereich der interreligiösen Didaktik geliefert.

Literaturverzeichnis

Baur, Katja (Hg.), Zu Gast bei Abraham. Ein Kompendium zur interreligiösen Kompetenzbildung, Stuttgart 2007.

Beutel, Wolfgang/Kemmann, Ansgar/Tetzlaff, Sven, Schülerwettbewerbe auf dem Prüfstand, in: Fauser, Peter/Messner, Rudolf (Hg.), Fordern und Fördern. Was Schülerwettbewerbe leisten, Hamburg 2007, 206–220.

Dieckmann, Elisabeth/Sajak, Clauß Peter (Hg.), Weißt Du, wer ich bin? Initiativen und Projekte für das interreligiöse und interkulturelle Lernen, Münster 2014.

Fauser, Peter/Prenzel, Manfred/Schratz, Michael, Was für Schulen! Profile, Konzepte und Dynamik guter Schulen in Deutschland, Seelze-Velber 2007.

Fidora, Alexander, Abraham Ibn Daud und Dominicus Gundissalinus: Philosophie und religiöse Toleranz im Toledo des 12. Jahrhunderts, in: Lutz-Bachmann, Matthias/Fidora, Alexander (Hg.), Juden, Christen und Muslime. Religionsdialoge im Mittelalter, Darmstadt 2004, 10–26.

– Ramon Llull – Universaler Heilswille und universale Vernunft, in: Lutz-Bachmann, Matthias/Fidora, Alexander (Hg.), Juden, Christen und Muslime. Religionsdialoge im Mittelalter, Darmstadt 2004, 119–133.

Fürlinger, Ernst (Hg.), Der Dialog muss weitergehen. Ausgewählte vatikanische Dokumente zum interreligiösen Dialog, Freiburg i. Br./Basel/Wien 2009.

Herborn, Dorothee, Praxisbeispiele für die interreligiöse Projektarbeit, in: Sajak, Clauß Peter (Hg.), Gotteshäuser. Entdecken – Deuten – Gestalten (Lernen im Trialog. Bausteine für interreligiöse und interkulturelle Lernprojekte 1), Paderborn 2012, 37–69.

– Praxisbeispiele für die interreligiöse Projektarbeit, in: Sajak, Clauß Peter (Hg.), Feste feiern. Jahreszeiten – Mahlzeiten – Lebenszeiten (Lernen im Trialog. Bausteine für interreligiöse und interkulturelle Lernprojekte 2), Paderborn 2013, 41–66.

– Praxisbeispiele für die interreligiöse Projektarbeit, in: Sajak, Clauß Peter (Hg.), Heilige Schriften. Texte – Themen – Traditionen (Lernen im Trialog. Bausteine für interreligiöse und interkulturelle Lernprojekte 3), Paderborn 2014, 37–61.

– Praxisbeispiele für die interreligiöse Projektarbeit, in: Sajak, Clauß Peter (Hg.), Schöpfung. Wissen – Kompetenzen – Haltungen, (Lernen im Trialog. Bausteine für interreligiöse und interkulturelle Lernprojekte 4), Paderborn 2015, 45–71.

Johannes Paul II., Schuldbekenntnis, in: Freiburger Rundbrief. Zeitschrift für christlich-jüdische Begegnung 7 (2000), S. 106–109.

Kalnein, Albrecht von, Der Wettbewerb »Schulen im Trialog« und sein Beitrag zu europäischer Identität und kulturellem Pluralismus, in: Sajak, Clauß Peter (Hg.), Trialogisch Lernen. Bausteine für die interkulturelle und interreligiöse Projektarbeit, Seelze 2010, 10–12.

Kaul-Seidmann, Lisa/Nielsen, Jorgen S./Vinzent, Markus, Europäische Identität und kultureller Pluralismus, Bad Homburg v. d. Höhe 2003.

Krochmalnik, Daniel et al. (Hg.), Das Gebet im Religionsunterricht in interreligiöser Perspektive, Berlin 2014.

Küng, Hans, Projekt Weltethos, München 1990.

Kuschel, Karl-Josef, Streit um Abraham. Was Juden, Christen und Muslime trennt – und was sie eint, Düsseldorf 2001.

– »Jud, Christ und Muselmann vereinigt«? Lessings ›Nathan der Weise‹, Düsseldorf 2004.

– Juden – Christen – Muslime. Herkunft und Zukunft, Düsseldorf 2007.

– Trialogisch denken lernen. Zum Entwurf einer Theologie von Juden, Christen und Muslimen, in: Religionsunterricht an höheren Schulen 51 (2008), 262–270.

Langenhorst, Georg, Trialogische Religionspädagogik. Konturen eines Programms, in: Religionsunterricht an höheren Schulen 51 (2008), 289–298.

– Trialogische Religionspädagogik. Interreligiöses Lernen zwischen Judentum, Christentum und dem Islam, Freiburg i. Br. 2016.

Leimgruber, Stephan, Interreligiöses Lernen, München 2007.

Löffler, Roland, Kultureller Pluralismus in europäischen Curricula? Die Studie der Universität Birmingham und der Wettbewerb »Schulen im Trialog«, in: Sajak, Clauß Peter (Hg.), Trialogisch Lernen. Bausteine für die interkulturelle und interreligiöse Projektarbeit, Seelze 2010, 74–83.

Lullus, Raimundus, Das Buch vom Heiden und den drei Weisen. Übersetzt und herausgegeben von T. Pindl, Stuttgart 1998.

Lutz-Bachmann, Matthias, Rationalität und Religion. Der Beitrag des Thomas von Aquin zu einer rationalen Grundlegung des Religionsdialogs in der Summa contra gentiles, in: Lutz-Bachmann, Matthias/Fidora, Alexander (Hg.): Juden, Christen und Muslime. Religionsdialoge im Mittelalter, Darmstadt 2004, 96–118.

Mohammed, Ovey N., Multiculturalism and Religious Education, in: Religious Education 87 (1992), 62–73.

Neuner, Peter/Kleinschwärzer-Meister, Birgitta, Kleines Handbuch der Ökumene, Düsseldorf 2002.

Ökumenischer Rat der Kirchen, Religiöse Pluralität und christliches Selbstverständnis, Genf 1970.

Riedenauer, Markus, Logik, Rationalität und religiöse Rede nach Nikolaus Cusanus, in: Lutz-Bachmann, Matthias/Fidora, Alexander (Hg.), Juden, Christen und Muslime. Religionsdialoge im Mittelalter, Darmstadt 2004, 192–220.

Sajak, Clauß Peter, »Da wird ein weiser Mann auf diesem Stuhle sitzen«. Lessings Gottesbild in ›Nathan der Weise‹, in: ru. Ökumenische Zeitschrift für den Religionsunterricht 33 (2003) 2, 58–61.

– (Hg.), Trialogisch Lernen. Bausteine für die interkulturelle und interreligiöse Projektarbeit, Seelze 2010.

– Trialogische Religionspädagogik, in: Herder Korrespondenz 65 (2011), 372–376.

– (Hg.), Gotteshäuser. Entdecken – Deuten – Gestalten (Lernen im Trialog. Bausteine für interreligiöse und interkulturelle Lernprojekte 1), Paderborn 2012.

– (Hg.), Feste feiern. Jahreszeiten – Mahlzeiten – Lebenszeiten (Lernen im Trialog. Bausteine für interreligiöse und interkulturelle Lernprojekte 2), Paderborn 2013.

– (Hg.), Heilige Schriften. Texte – Themen – Traditionen (Lernen im Trialog. Bausteine für interreligiöse und interkulturelle Lernprojekte 3), Paderborn 2014.

– (Hg.), Schöpfung. Wissen – Kompetenzen – Haltungen, (Lernen im Trialog. Bausteine für interreligiöse und interkulturelle Lernprojekte 4), Paderborn 2015.

– Paradoxes Ende. Herbert Quandt-Stiftung führt interreligiöses Projekt nicht fort, in: Herder Korrespondenz 69 (2015), 655–656.

– Trialogische Religionspädagogik und Komparative Theologie. Strukturelle Analogien – produktive Kollisionen, in: Burrichter, Rita/Langenhorst, Georg/von Stosch, Klaus (Hg.), Komparative Theologie: Herausforderung für die Religionspädagogik. Perspektiven zukunftsfähigen interreligiösen Lernens, Paderborn 2015, 31–48.

– Interreligiöses Lernen (Theologie kompakt), Darmstadt 2018.

Sajak, Clauß Peter/Muth, Annkathrin, Standards für das trialogische Lernen. Interkulturelle und interreligiöse Kompetenz in der Schule fördern, Bad Homburg v. d. Höhe 2011.

Schreiner, Stefan, Trialog der Kulturen. Anmerkungen zu einer wegweisenden Idee, in: Sajak, Clauß Peter (Hg.), Trialogisch Lernen. Bausteine für die interkulturelle und interreligiöse Projektarbeit, Seelze 2010, 18–24.

Schröder, Bernd, Gespräch zwischen Christen, Juden und Muslimen – religionspädagogische Motive und Perspektiven, in: Ders./ Behr, Harry H./Krochmalnik, Daniel (Hg.), Was ist ein guter Religionslehrer? Antworten von Juden, Christen und Muslimen (Religionspädagogische Gespräche zwischen Juden, Christen und Muslimen Bd. 1), Berlin 2009, 27–53.

Schröder, Bernd et al. (Hg.), Buchstabe und Geist. Vom Umgang mit Tora, Bibel und Koran im Religionsunterricht, Berlin 2017.

Schröder, Bernd/Behr, Harry H./Krochmalnik, Daniel (Hg.), Der andere Abraham. Theologische und didaktische Reflexionen eines Klassikers, Berlin 2013.

– (Hg.), ›Du sollst Dir kein Bildnis machen …‹ Bilderverbot und Bilddidaktik im jüdischen, christlichen und islamischen Religionsunterricht, Berlin 2013.

Schwarz-Boenneke, Bernadette, Monokulturelle Verfasstheit und interkulturelle Wirklichkeit. Vortragsfolien, Bad Homburg v. d. Höhe 2016.

Seit, Stefan, Dilectio consummatio legis. Abaelards Gespräch eines Philosophen, eines Juden und eines Christen und die Grenzen einer rationalen Gotteslehre, in: Lutz-Bachmann, Matthias/Fidora, Alexander: Juden, Christen und Muslime. Religionsdialoge im Mittelalter. Darmstadt 2004, 40–95.

Strunck, Susanne, Schulentwicklung durch Wettbewerbe. Prozesse und Wirkungen der Teilnahme an Schulwettbewerben, Wiesbaden 2011.

Tschekan, Kerstin, Kompetenzorientiert unterrichten. Eine Didaktik, Berlin 2011.

Tück, Jan-Heiner/Langthaler, Rudolf (Hg.), »Es strebe von euch jeder um die Wette«. Lessings Ringparabel – ein Paradigma für die Verständigung der Religionen heute?, Freiburg i. Br. 2016.

Verburg, Winfried, Juden, Christen und Muslime machen gemeinsam Schule. Ein interreligiös ausgerichtetes Experiment des Bistums Osnabrück, in: Stimmen der Zeit 229 (2011), 3–12.

– Interreligiös Schule machen, in: KatBl 137 (2012), 61–63.

Weidenfeld, Arthur G., Von Menschen und Zeiten – die Autobiographie, Wien 1995.

Abbildungsverzeichnis

C. Anhang

Liste der Schulen, die am Wettbewerb teilgenommen haben

Preisträger 2005/2006 1. Runde	Schulname	Ort / Bundesland
	Ellenrieder-Gymnasium	Konstanz, Baden-Württemberg
	Ev. Internatsschule Schloss Gaienhofen am Bodensee	Gaienhofen, Baden-Württemberg
	Franckeschule	Frankfurt, Hessen
	Diesterwegschule	Darmstadt, Hessen
	Mathildenschule Offenbach	Offenbach, Hessen
	Theodor-Litt-Schule	Michelstadt, Hessen
1. Platz	Gesamtschule am Gluckenstein	Bad Homburg, Hessen
	Lindenauschule	Hanau-Großauheim, Hessen
	Marienschule Offenbach	Offenbach, Hessen
	Martin-Buber-Schule	Groß-Gerau, Hessen
2. Platz	Ricarda-Huch-Schule	Gießen, Hessen
	Wilhelm-Heinrich-von-Riehl-Schule	Wiesbaden, Hessen
2. Platz	Ernst-Reuter-Schule 1	Frankfurt, Hessen
	Kaiserin-Friedrich-Gymnasium	Bad Homburg, Hessen
	Liebigschule-Europaschule	Frankfurt, Hessen
2. Platz	Rudolf-Koch-Schule	Offenbach, Hessen
	Laubach-Kolleg	Laubach, Hessen
	Adolf-Reichwein-Schule	Marburg, Hessen
	Gewerbliche Schulen des Lahn-Dill-Kreises	Dillenburg, Hessen
	Kaufmännische Schulen Marburg	Marburg, Hessen
1. Platz	Brunnenschule	Bad Vilbel, Hessen
	Hubertus-Schwartz-Berufskolleg	Soest, Nordrhein-Westfalen
1. Platz	Martin-Luther-Gymnasium	Eisenach, Thüringen

1 Wegen der unterschiedlichen Terminologie für Schulen der Sekundarstufe I in den 16 deutschen Bundesländern wird dieser Begriff als Sammelbegriff für die verschiedenen Schultypen in dieser Schulstufe verstanden (Hauptschule, Oberschule, Realschule, Sekundarschule usw.).

	Schulform	Mehrfache Teilnahme
	Gymnasium	
	Schule der Sek I ohne gymn. Bildungsgang[1], Gymnasium	
	Grundschule	
	Grundschule, Schule der Sek I ohne gymn. Bildungsgang	
	Grundschule, Schule der Sek I ohne gymn. Bildungsgang	
	Schule der Sek I ohne gymn. Bildungsgang (+ Förderstufe)	
	Schule der Sek I mit gymn. Bildungsgang	
	Schule der Sek I mit gymn. Bildungsgang	
	Schule der Sek I mit gymn. Bildungsgang	
	Schule der Sek I mit gymn. Bildungsgang	
	Schule der Sek I mit gymn. Bildungsgang	
	Schule der Sek I ohne gymn. Bildungsgang	
	Oberstufengymnasium	
	Gymnasium	
	Gymnasium	
	Gymnasium	
	Oberstufengymnasium	
	Berufsbildende Schule	
	Berufsbildende Schule	
	Berufsbildende Schule	
	Förderschule	
	Berufsbildende Schule	
	Gymnasium	

Preisträger 2006/2007 2. Runde	Schulname	Ort / Bundesland
1. Platz	Elbe-Schule; Richard-Wagner Grundschule	Berlin-Neukölln, Berlin-Lichtenberg
	Kolumbus-Grundschule	Berlin-Reinickendorf
3. Platz	Regenbogen-Grundschule	Berlin-Neukölln
	Kath. Schule St. Hildegard	Berlin-Marienfelde
	Kurt-Löwenstein-Schule	Berlin-Neukölln
	Mildred-Harnack-Gesamtschule	Berlin-Lichtenberg
	Leibniz-Schule	Berlin-Kreuzberg
2. Platz	Wald-Oberschule	Berlin-Grunewand
2. Platz	Emil-Fischer-Schule	Berlin-Wittenau
	Ev. Internatsschule Schloss Gaienhofen am Bodensee	Gaienhofen, Baden-Württemberg
1. Platz	Wilhelm-Heinrich-von-Riehl-Schule	Wiesbaden, Hessen
3. Platz	Christian-Wirth-Schule	Usingen, Hessen
	Dreieichschule	Langen, Hessen
	Ernst-Reuter-Schule 1	Frankfurt, Hessen
	Laubach-Kolleg	Laubach, Hessen

	Schulform	Mehrfache Teilnahme
	Grundschule	
	Grundschule	
	Grundschule	
	Förderschule	
	Schule der Sek I ohne gymn. Bildungsgang	
	Schule der Sek I mit gymn. Bildungsgang	
	Schule der Sek I mit gymn. Bildungsgang	
	Schule der Sek I mit gymn. Bildungsgang	
	Berufsbildende Schule	
	Schule der Sek I ohne gymn. Bildungsgang, Gymnasium	2. Teilnahme
	Schule der Sek I ohne gymn. Bildungsgang	2. Teilnahme
	Gymnasium	
	Gymnasium	
	Oberstufengymnasium	2. Teilnahme
	Oberstufengymnasium	2. Teilnahme

Preisträger 2007/2008 3. Runde	Schulname	Ort / Bundesland
2. Platz	Regenbogen-Grundschule	Berlin-Neukölln
	Bobertal-Oberschule	Berlin-Wilmersdorf
	Kath. Europaschule St. Marien; Ernst-Abbe-Schule	Berlin-Neukölln
3. Platz	Internatsschule Königin-Luise-Stiftung	Berlin-Dahlem
	Bertha-von-Suttner-Oberschule	Berlin-Reinickendorf
3. Platz	Lessing-Oberschule	Berlin-Wedding
1. Platz	Emil-Fischer-Schule	Berlin-Wittenau
	Freiherr-vom-Stein-Schule	Immenhausen, Hessen
3. Platz	Georg-Büchner-Gymnasium	Bad Vilbel, Hessen
	König-Heinrich-Schule	Fritzlar, Hessen
1. Platz	St.-Lioba-Schule	Bad Nauheim, Hessen
2. Platz	Adolf-Reichwein-Schule	Marburg, Hessen
	Friedrich-List-Schule	Kassel, Hessen
	Gewerbliche Schulen des Lahn-Dill-Kreises	Dillenburg, Hessen

Schulform	Mehrfache Teilnahme
Grundschule; Grundschule	2. Teilnahme
Schule der Sek I ohne gymn. Bildungsgang	
Gymnasium; Gymnasium	
Grundschule, Schule der Sek I ohne gymn. Bildungsgang, Gymnasium	
Schule der Sek I mit gymn. Bildungsgang	
Schule der Sek I mit gymn. Bildungsgang	
Berufsbildende Schule	2. Teilnahme
Schule der Sek I ohne gymn. Bildungsgang, Gymnasium	
Gymnasium	
Gymnasium	
Gymnasium	
Berufsbildende Schule	2. Teilnahme
Berufsbildende Schule	
Berufsbildende Schule	2. Teilnahme

Preisträger 2008/2009 4. Runde	Schulname	Ort / Bundesland
3. Platz	Elbe-Schule	Berlin-Neukölln
1. Platz	Kurt-Löwenstein-Schule	Berlin-Neukölln
3. Platz	Röntgen-Oberschule	Berlin-Neukölln
	Kath. Europaschule St. Marien; Ernst-Abbe-Schule	Berlin-Neukölln
	Internatsschule Königin-Luise-Stiftung	Berlin-Dahlem
	Lessing-Oberschule	Berlin-Mitte
2. Platz	Oberstufenzentrum Kraftfahrzeugtechnik	Berlin-Charlottenburg
	Ev. Gymnasium am Dom zu Brandenburg	Brandenburg an der Havel, Brandenburg
3. Platz	Theodor-Heuss-Schule	Marburg, Hessen
3. Platz	Johann-Christian-Senckenberg-Schule	Runkel/Villmar, Hessen
1. Platz	Georg-Ackermann-Schule	Breuberg – Rai-Breitenbach, Hessen
	Elisabethenschule	Frankfurt, Hessen
	Förderschule Hephata, Ludwig Braun-Schule	Schwalmstadt-Treysa, Hessen
2. Platz	Georg-August-Zinn-Schule für Lernhilfe	Ginsheim-Gustavsburg, Hessen

Schulform	Mehrfache Teilnahme
Grundschule	2. Teilnahme
Schule der Sek I ohne gymn. Bildungsgang	2. Teilnahme
Schule der Sek I ohne gymn. Bildungsgang	
Gymnasium; Gymnasium	2. Teilnahme (beider Schulen)
Grundschule, Schule der Sek I ohne gymn. Bildungsgang, Gymnasium	2. Teilnahme
Schule der Sek I mit gymn. Bildungsgang	
Berufsbildende Schule	
Gymnasium	
Grundschule, Schule der Sek I ohne gymn. Bildungsgang (+ Förderstufe)	
Grundschule, Schule der Sek I ohne gymn. Bildungsgang	
Schule der Sek I ohne gymn. Bildungsgang, Gymnasium, Förderschule	
Gymnasium	
Förderschule	
Förderschule	

Preisträger 2009/2010 5. Runde	Schulname	Ort / Bundesland
1. Platz	Ev. Schule Berlin-Mitte	Berlin-Mitte
2. Platz	Grundschule am Falkplatz	Berlin-Pankow
	Liebig-Schule	Berlin-Neukölln
	Ev. Schule Berlin Zentrum	Berlin-Mitte
	Georg-Herwegh-Oberschule	Berlin-Hemsdorf
	Gymnasium Steglitz	Berlin-Steglitz
	Heinz-Berggruen-Gymnasium	Berlin-Charlottenburg
	Leibniz-Schule	Berlin-Kreuzberg
	Sartre-Oberschule	Berlin-Hellersdorf
2. Platz	Wald-Oberschule	Berlin-Charlottenburg
	Kath. Schule St. Hildegard	Berlin-Marienfelde
3. Platz	Kolleg Schöneberg	Berlin-Schöneberg
	Theodor-Heuss-Schule	Marburg, Hessen
2. Platz	Carl-Schomburg-Schule	Kassel, Hessen
	Carl-von-Weinberg-Schule	Frankfurt, Hessen
1. Platz	Integrierte Gesamtschule Stierstadt	Oberursel, Hessen
	Philipp-Reis-Schule	Friedrichsdorf, Hessen
3. Platz	Landgraf-Ludwigs-Gymnasium	Gießen, Hessen
	St. Angela Schule	Königstein, Hessen
3. Platz	Kaufmännische Schulen Marburg	Marburg, Hessen

	Schulform	Mehrfache Teilnahme
	Grundschule	
	Grundschule	
	Schule der Sek I ohne gymn. Bildungsgang	
	Schule der Sek I mit gymn. Bildungsgang	
	Schule der Sek I mit gymn. Bildungsgang	
	Gymnasium	
	Schule der Sek I mit gymn. Bildungsgang	
	Schule der Sek I mit gymn. Bildungsgang	2. Teilnahme
	Schule der Sek I mit gymn. Bildungsgang	
	Schule der Sek I mit gymn. Bildungsgang	
	Förderschule	2. Teilnahme
	Berufsbildende Schule	
	Grundschule, Schule der Sek I ohne gymn. Bildungsgang (+ Förderstufe)	2. Teilnahme
	Schule der Sek I mit gymn. Bildungsgang (+ Förderstufe)	
	Schule der Sek I mit gymn. Bildungsgang	
	Schule der Sek I ohne gymn. Bildungsgang	
	Schule der Sek I mit gymn. Bildungsgang	
	Gymnasium	
	Schule der Sek I ohne gymn. Bildungsgang, Gymnasium	
	Berufsbildende Schule	2. Teilnahme

Preisträger 2010/2011 6. Runde	Schulname	Ort / Bundesland
1. Platz	John-F.-Kennedy-Schule	Bad Vilbel, Hessen
	August-Bebel-Gesamtschule	Wetzlar, Hessen
	Otto-Hahn-Schule	Hanau, Hessen
	Theodor-Heuss-Schule	Baunatal, Hessen
	Augustinerschule	Friedberg, Hessen
	Rudolf-Koch-Schule	Offenbach, Hessen
3. Platz	Winfriedschule	Fulda, Hessen
	Biedensandschule	Lampertheim, Hessen
2. Platz	Frankfurter Schule für Bekleidung und Mode	Frankfurt, Hessen
	Radko-Stöckl-Schule	Melsungen, Hessen
	Karl-Fries-Realschule plus	Bendorf, Rheinland-Pfalz
	Integrierte Gesamtschule / Realschule plus	Ludwigshafen-Edigheim, Rheinland-Pfalz
	Rudi-Stephan-Gymnasium	Worms, Rheinland-Pfalz
	Matzenbergschule	Pirmasens, Rheinland-Pfalz
2. Platz	Schlossschule Oggersheim	Ludwigshafen, Rheinland-Pfalz
	St. Martinus-Schule	Reinsfeld, Rheinland-Pfalz
3. Platz	Berufsbildende Schule Technik 1	Ludwigshafen, Rheinland-Pfalz
1. Platz	Fachschule für Sozialwesen	Speyer, Rheinland-Pfalz
	Erweiterte Realschule Neunkirchen Stadtmitte und Wiebelskirchen	Neunkirchen, Saarland
1. Platz	Christian von Mannlich-Gymnasium	Homburg, Saarland
	Saarlouiser Gymnasium am Stadtgarten	Saarlouis, Saarland
	Kaufmännisches Berufs-bildungszentrum Saarlouis	Saarlouis, Saarland
2. Platz	Sozialpflegerisches Berufs-bildungszentrum Saarbrücken	Saarbrücken, Saarland
	Technisch-Gewerbliches Berufsbildungszentrum 2 Saarbrücken	Saarbrücken, Saarland

	Schulform	Mehrfache Teilnahme
	Schule der Sek I ohne gymn. Bildungsgang (+ Förderstufe)	
	Schule der Sek I mit gymn. Bildungsgang	
	Schule der Sek I mit gymn. Bildungsgang	
	Schule der Sek I mit gymn. Bildungsgang	
	Gymnasium	
	Gymnasium	2. Teilnahme
	Gymnasium	
	Förderschule	
	Berufsbildende Schule	
	Berufsbildende Schule	
	Schule der Sek I ohne gymn. Bildungsgang	
	Schule der Sek I mit gymn. Bildungsgang	
	Gymnasium	
	Förderschule	
	Förderschule	
	Förderschule	
	Berufsbildende Schule	
	Berufsbildende Schule	
	Schule der Sek I ohne gymn. Bildungsgang	
	Gymnasium	
	Gymnasium	
	Berufsbildende Schule	
	Berufsbildende Schule	
	Berufsbildende Schule	

Preisträger 2011/2012 7. Runde	Schulname	Ort / Bundesland
3. Platz	Tümpelgarten-Schule	Hanau, Hessen
3. Platz	Dr.-Georg-August-Zinn-Schule	Gudensberg, Hessen
	Jacob-Grimm-Schule	Kassel, Hessen
	Leibnizschule	Frankfurt-Höchst, Hessen
	Musterschule	Frankfurt, Hessen
	Privates Litauisches Gymnasium	Lampertheim-Hüttenfeld, Hessen
1. Platz	Brunnenschule	Bad Vilbel, Hessen
	Heinrich-Emanuel-Merck-Schule	Darmstadt, Hessen
2. Platz	Ketteler-La Roche-Schule	Oberursel, Hessen
	Realschule plus Bobenheim-Roxheim	Bobenheim-Roxheim, Rheinland-Pfalz
1. Platz	Gymnasium Traben-Trarbach	Traben-Trarbach, Rheinland-Pfalz
	Rabanus-Maurus-Gymnasium	Mainz, Rheinland-Pfalz
3. Platz	Levana-Schule	Schweich, Rheinland-Pfalz
	Nardini-Schule	Germersheim, Rheinland-Pfalz
2. Platz	Berufsbildende Schule 2 – Wirtschaft und Soziales	Kaiserslautern, Rheinland-Pfalz
	Berufsbildende Schule 3	Mainz, Rheinland-Pfalz
	Ludwig-Erhard-Schule	Neuwied, Rheinland-Pfalz
	Theodor-Heuss-Gymnasium	Sulzbach, Saarland
2. Platz	Palotti-Schule	Neunkirchen, Saarland
1. Platz	Kaufmännisches Berufsbildungszentrum Halberg	Saarbrücken, Saarland
	Technisch-Gewerbliches und Sozialpflegerisches Berufsbildungszentrum Saarlouis	Saarlouis, Saarland

	Schulform	Mehrfache Teilnahme
	Grundschule, Schule der Sek I ohne gymn. Bildungsgang (+ Förderstufe)	
	Schule der Sek I mit gymn. Bildungsgang	
	Oberstufengymnasium	
	Gymnasium	
	Gymnasium	
	Gymnasium	
	Förderschule	2. Teilnahme
	Berufsbildende Schule	
	Berufsbildende Schule	
	Schule der Sek I ohne gymn. Bildungsgang	
	Gymnasium	
	Gymnasium	
	Förderschule	
	Förderschule	
	Berufsbildende Schule	
	Berufsbildende Schule	
	Berufsbildende Schule	
	Gymnasium	
	Förderschule	
	Berufsbildende Schule	
	Berufsbildende Schule	

Preisträger 2012/2013 8. Runde	Schulname	Ort / Bundesland
	Oberschule am Waller Ring	Hansestadt Bremen
	Oberschule im Park	Hansestadt Bremen
	Oberschule In den Sandwehen	Hansestadt Bremen
3. Platz	Oberschule Roter Sand	Hansestadt Bremen
	Schulzentrum des Sekundarbereichs 2 am Rübekamp	Hansestadt Bremen
3. Platz	Clemens-Brentano-Europaschule	Lollar, Hessen
	Joseph-von-Eichendorff-Schule	Kassel, Hessen
1. Platz	Lahntalschule	Biedenkopf, Hessen
	Musterschule	Frankfurt, Hessen
	Rabanus-Maurus-Schule	Fulda, Hessen
	Martin-Behaim-Schule	Darmstadt, Hessen
2. Platz	Richard-Müller-Schule	Fulda, Hessen
	Lise-Meitner-Gymnasium	Hansestadt Hamburg
2. Platz	Margaretha-Rothe-Gymnasium	Hansestadt Hamburg
1. Platz	Stadtteilschule Alter Teichweg	Hansestadt Hamburg
2. Platz	Integrierte Gesamtschule Landau	Landau, Rheinland-Pfalz
	Hilda-Gymnasium Koblenz	Koblenz, Rheinland-Pfalz
1. Platz	Hildegardisschule Bingen	Bingen, Rheinland-Pfalz
	Karolinen-Gymnasium Frankenthal	Frankenthal, Rheinland-Pfalz
	Max-Sievogt-Gymnasium Landau	Landau, Rheinland-Pfalz
3. Platz	Christian von Mannlich-Gymnasium	Homburg, Saarland

	Schulform	Mehrfache Teilnahme
	Schule der Sek I mit gymn. Bildungsgang	
	Schule der Sek I mit gymn. Bildungsgang	
	Schule der Sek I ohne gymn. Bildungsgang	
	Schule der Sek I ohne gymn. Bildungsgang	
	Oberstufengymnasium	
	Schule der Sek I mit gymn. Bildungsgang	
	Schule der Sek I mit gymn. Bildungsgang	
	Gymnasium	
	Gymnasium	2. Teilnahme
	Gymnasium	
	Berufsbildende Schule	
	Berufsbildende Schule	
	Gymnasium	
	Gymnasium	
	Schule der Sek I mit gymn. Bildungsgang	
	Schule der Sek I mit gymn. Bildungsgang	
	Gymnasium	
	Gymnasium	
	Gymnasium	
	Gymnasium	
	Gymnasium	2. Teilnahme

Preisträger 2013/2014 9. Runde	Schulname	Ort / Bundesland
3. Platz	Oberschule an der Lehmhorster Straße	Hansestadt Bremen
	Oberschule Roter Sand	Hansestadt Bremen
	Oberschule In den Sandwehen	Hansestadt Bremen
	Wilhelm-Olbers-Schule	Hansestadt Bremen
	Heinrich Metzendorf Schule	Bensheim, Hessen
	Landschulheim Burg Nordeck	Allendorf/Lumda, Hessen
	Paul-Ehrlich-Schule	Frankfurt, Hessen
1. Platz	Erich Kästner Schule	Baunatal, Hessen
2. Platz	Julius-Leber-Schule	Frankfurt, Hessen
3. Platz	Max-Planck-Schule	Rüsselsheim, Hessen
	Modellschule Obersberg	Bad Hersfeld, Hessen
	Gymnasium Altona	Hansestadt Hamburg
	Stadtteilschule Winterhude	Hansestadt Hamburg
2. Platz	Stadtteilschule Finkenwerder; Gymnasium Finkenwerder	Hansestadt Hamburg
1. Platz	Margaretha-Rothe-Gymnasium	Hansestadt Hamburg
	Erich Kästner Schule	Hansestadt Hamburg
	Staatliche Fremdsprachenschule	Hansestadt Hamburg
	Integrierte Gesamtschule Deidesheim/Wachenheim	Deidesheim, Rheinland-Pfalz
	Integrierte Gesamtschule Landau	Landau, Rheinland-Pfalz
2. Platz	Carl-Benz-Schule	Koblenz, Rheinland-Pfalz
3. Platz	Berufsbildende Schule Germersheim mit Außenstelle Wörth	Wörth, Rheinland-Pfalz
	Integrierte Gesamtschule Dillingen, Sophie-Scholl-Gemeinschaftsschule	Dillingen, Saarland
	Montessori-Zentrum Saarbrücken	Saarbrücken, Saarland
1. Platz	Saarlouiser Gymnasium am Stadtgarten	Saarlouis, Saarland
	Günter-Wöhe-Schulen für Wirtschaft	Saarbrücken, Saarland

	Schulform	Mehrfache Teilnahme
	Schule der Sek I mit gymn. Bildungsgang	
	Schule der Sek I ohne gymn. Bildungsgang	2. Teilnahme
	Schule der Sek I ohne gymn. Bildungsgang	2. Teilnahme
	Schule der Sek I ohne gymn. Bildungsgang	
	Berufsbildende Schule	
	Schule der Sek I ohne gymn. Bildungsgang, Gymnasium	
	Berufsbildende Schule	
	Schule der Sek I ohne gymn. Bildungsgang	
	Berufsbildende Schule	
	Gymnasium	
	Oberstufengymnasium	
	Gymnasium	
	Schule der Sek I ohne gymn. Bildungsgang	
	Schule der Sek I ohne gymn. Bildungsgang; Gymnasium	
	Gymnasium	2. Teilnahme
	Grundschule, Schule der Sek I mit gymn. Bildungsgang	
	Berufsbildende Schule	
	Schule der Sek I mit gymn. Bildungsgang	
	Schule der Sek I mit gymn. Bildungsgang	2. Teilnahme
	Berufsbildende Schule	
	Berufsbildende Schule	
	Schule der Sek I mit gymn. Bildungsgang	
	Schule der Sek I mit gymn. Bildungsgang	
	Gymnasium	2. Teilnahme
	Berufsbildende Schule	

Preisträger 2014/2015 10. Runde	Schulname	Ort / Bundesland
	Oberschule Ohlenhof	Hansestadt Bremen
1. Platz	Grundschule Borchshöhe	Hansestadt Bremen
	Alexander-von-Humboldt-Gymnasium	Hansestadt Bremen
2. Platz	Carl-Schomburg-Schule	Kassel, Hessen
	Clemens-Brentano-Europaschule	Lollar, Hessen
	Gesamtschule am Gluckenstein	Bad Homburg, Hessen
	Heinrich-von-Kleist-Schule	Eschborn, Hessen
	Tümpelgarten-Schule	Hanau, Hessen
	Albert-Einstein-Schule	Schwalbach i. T., Hessen
1. Platz	Lessing-Gymnasium	Lampertheim, Hessen
3. Platz	St. Angela Schule; I.E. Lichtigfeld Schule; Werner-von-Siemens-Schule	Königsstein i. T., Frankfurt; Frankfurt, Hessen
	Berufliche Schulen am Gradierwerk	Bad Nauheim, Hessen
	Europäische Schule RheinMain	Bad Vilbel, Hessen
	Erich Kästner Schule	Hansestadt Hamburg
2. Platz	Stadtteilschule Finkenwerder; Gymnasium Finkenwerder	Hansestadt Hamburg
3. Platz	Staatliche Fremdsprachenschule	Hansestadt Hamburg
	Integrierte Gesamtschule Deidesheim / Wachenheim	Deidesheim, Rheinland-Pfalz
3. Platz	Vinzenz-von-Paul-Gymnasium Niederprüm	Niederprüm, Rheinland-Pfalz
	Gemeischaftsschule / Erweiterte Realschule	Neunkirchen, Saarland
1. Platz	Gesamtschule / Gemeinschaftsschule Nohfelden-Türkismühle	Nohfelden-Türkismühle, Saarland
	Hermann Neuberger Schule	Völklingen, Saarland
2. Platz	Technisch-Gewerbliches Berufsbildungszentrum 2 Saarbrücken (Mügelsbergschule)	Saarbrücken, Saarland

	Schulform	Mehrfache Teilnahme
	Schule der Sek I ohne gymn. Bildungsgang	
	Grundschule	
	Gymnasium	
	Schule der Sek I mit gymn. Bildungsgang	2. Teilnahme
	Schule der Sek I mit gymn. Bildungsgang	2. Teilnahme
	Schule der Sek I mit gymn. Bildungsgang	2. Teilnahme
	Schule der Sek I mit gymn. Bildungsgang	
	Grundschule, Schule der Sek I ohne gymn. Bildungsgang (+ Förderstufe)	2. Teilnahme
	Gymnasium	
	Gymnasium	
	Gymnasium, Schule der Sek I ohne gymn. Bildungsgang; Grundschule, Gymnasium; Berufsbildende Schule	2. Teilnahme (St. Angela Schule)
	Berufsbildende Schule	
	Grundschule, Schule der Sek I mit gymn. Bildungsgang	
	Grundschule, Schule der Sek I mit gymn. Bildungsgang	2. Teilnahme
	Schule der Sek I ohne gymn. Bildungsgang; Gymnasium	2. Teilnahme (beider Schulen)
	Berufsbildende Schule	2. Teilnahme
	Schule der Sek I mit gymn. Bildungsgang	2. Teilnahme
	Gymnasium	
	Schule der Sek I ohne gymn. Bildungsgang	
	Schule der Sek I mit gymn. Bildungsgang	
	Schule der Sek I ohne gymn. Bildungsgang	
	Berufsbildende Schule	2. Teilnahme

Für die freundliche Genehmigung zum Abdruck sei folgenden Rechteinhabern gedankt:

Sajak, Clauß Peter/Muth, Annkathrin, Standards für das trialogische Lernen. Interkulturelle und interreligiöse Kompetenz in der Schule fördern, Bad Homburg v. d. Höhe, S. 24. © Herbert Quandt-Stiftung 2011

Schwarz-Boenneke, Bernadette, Monokulturelle Verfasstheit und interkulturelle Wirklichkeit. Vortragsfolien, Bad Homburg v. d. Höhe 2016, Folie 7. © bei der Autorin